Tempore sacro.
Quo Sibyllini monuere uersus
Virgines lectas puerosq; castos
Dis, quibus septem placuere colles,
 Dicere carmen.

Alme Sol, curru nitido diem qui
Promis; & celas: aliusq;, & idem
Nasceris: possis nihil urbe Roma
 Visere maius.

Rite maturos aperire partus
Lenis Ilithyia, tuere matres:
Siue tu Lucina probas uocari,
 Seu genitalis

Diua, producas sobolem: patrumq;
Prosperes decreta super iugandis
Fœminis, prolisq; nouæ feraci
 Lege marita:

Certus undenos decies per annos
Orbis ut cantus referatq; ludos
Ter die claro, totiesq; grata
 Nocte frequentes.

Vosq; ueraces cecinisse Parcæ,
Quod semel dictum est, stabilisq; reru
Terminus seruet, bona iam peractis

Horácio

ARTE POÉTICA

EDIÇÃO BILÍNGUE

Tradução, introdução e notas:
Guilherme Gontijo Flores

autêntica C|L|Á|S|S|I|C|A

Copyright © 2020 Autêntica Editora
Copyright da tradução © 2020 Guilherme Gontijo Flores

Todos os direitos reservados pela Autêntica Editora Ltda. Nenhuma parte desta publicação poderá ser reproduzida, seja por meios mecânicos, eletrônicos, seja via cópia xerográfica, sem a autorização prévia da Editora.

EDITORAS RESPONSÁVEIS
Rejane Dias
Cecília Martins

REVISÃO
Lúcia Assumpção

CAPA E PROJETO GRÁFICO
Diogo Droschi

DIAGRAMAÇÃO
Guilherme Fagundes

IMAGENS
Capa: retrato de Horácio, s.d. Gravura. Album/Easypix Brasil
Manuscrito: reprodução de página de abertura da *Arte poética*, c. 1499, Free Library of Philadelphia: Philadelphia, PA, Item n. mcah020261.
Gravura (detalhes): A montanha em trabalho de parto, 1665, Wenceslaus Hollar, *Wellcome Collection*, Library n. 45229i.

Dados Internacionais de Catalogação na Publicação (CIP)
(Câmara Brasileira do Livro, SP, Brasil)

Horácio
  Arte poética = Ars poetica / Horácio ; tradução, introdução e notas Guilherme Gontijo Flores. -- Belo Horizonte : Autêntica Editora, 2020. -- (Coleção Clássica)

  Edição bilíngue: português/latim.
  ISBN 978-65-88239-52-0

  1. Poética 2. Poética - Obras anteriores a 1800 I. Flores, Guilherme Gontijo. II. Título. III. Série.

20-43760   CDD-808.1

Índices para catálogo sistemático:
1. Arte poética : Literatura 808.1

Cibele Maria Dias - Bibliotecária - CRB-8/9427

GRUPO **AUTÊNTICA**

Belo Horizonte
Rua Carlos Turner, 420
Silveira . 31140-520
Belo Horizonte . MG
Tel.: (55 31) 3465 4500

São Paulo
Av. Paulista, 2.073, Conjunto Nacional, Horsa I
3º andar, Conj. 309 . Cerqueira César
01311-940 . São Paulo . SP
Tel.: (55 11) 3034 4468

www.grupoautentica.com.br

A Coleção Clássica

A Coleção Clássica tem como objetivo publicar textos de literatura – em prosa e verso – e ensaios que, pela qualidade da escrita, aliada à importância do conteúdo, tornaram-se referência para determinado tema ou época. Assim, o conhecimento desses textos é considerado essencial para a compreensão de um momento da história e, ao mesmo tempo, a leitura é garantia de prazer. O leitor fica em dúvida se lê (ou relê) o livro porque precisa ou se precisa porque ele é prazeroso. Ou seja, o texto tornou-se "clássico".

Vários textos "clássicos" são conhecidos como uma referência, mas o acesso a eles nem sempre é fácil, pois muitos estão com suas edições esgotadas ou são inéditos no Brasil. Alguns desses textos comporão esta coleção da Autêntica Editora: livros gregos e latinos, mas também textos escritos em português, castelhano, francês, alemão, inglês e outros idiomas.

As novas traduções da Coleção Clássica – assim como introduções, notas e comentários – são encomendadas a especialistas no autor ou no tema do livro. Algumas traduções antigas, de qualidade notável, serão reeditadas, com aparato crítico atual. No caso de traduções em verso, a maior parte dos textos será publicada em versão bilíngue, o original espelhado com a tradução.

Não se trata de edições "acadêmicas", embora vários de nossos colaboradores sejam professores universitários. Os livros são destinados aos leitores atentos – aqueles que sabem que a fruição de um texto demanda prazeroso esforço –, que desejam ou precisam de um texto clássico em edição acessível, bem cuidada, confiável.

Nosso propósito é publicar livros dedicados ao "desocupado leitor". Não aquele que nada faz (esse nada realiza), mas ao que, em meio a mil projetos de vida, sente a necessidade de buscar o ócio produtivo ou a produção ociosa que é a leitura, o diálogo infinito.

Oséias Silas Ferraz
[coordenador da coleção]

11   **Prefácio**
     Brunno V. G. Vieira

13   **Um regulador esquivo**
     Guilherme Gontijo Flores

40   **Ars poetica/Arte poética**

77   **Notas**

143 **Bibliografia**

171 **Sobre o tradutor**

Prefácio

Brunno V. G. Vieira

Neste pórtico, parece-me útil arejar ao leitor algo sobre o sentido e sobre o alcance que o sintagma *Arte poética*, título deste livro, possuía em língua latina, aquela de Horácio, traduzida aqui artificiosamente para o português por Guilherme Gontijo Flores.

Ars é a versão romana do grego *tekhné*. Ambos os vocábulos significam "habilidade", "técnica", mas também, por extensão, "texto que ensina uma habilidade", isso que é expresso pelo termo "manual' em nosso vernáculo. Em latim, *ars* deriva do termo *armus*, que designa "ombro" ou "braço". Curiosamente, a raiz *ar-* de *ars* é a mesma de *arma*, cada qual põe na mesa as armas que tem...

Arte seria o recurso empregado por alguém para fazer/produzir algo de qualquer natureza, inclusive verbal, como a que aqui tem lugar. Essa finalidade é precisada pelo adjetivo *Poética* do título. Ele é decalque latino do termo helênico *Poietiké*. Seu étimo provém do verbo *poieîn* que significa "fazer" e diz muito sobre quem empresta o braço, fabro(a) ou fazedor(a), *poietés*, "poeta", "demiurgo", que fabrica novos mundos através de sua palavra poética, a palavra que faz.

Dito isso, este livro não é somente um manual sobre como escrever literatura, mesmo sendo o mais famoso do gênero até o presente e um dos principais da poesia do Ocidente. Ele é, sobretudo, um poema que, simultaneamente, oferece-se à instrução + sedução + prazer, trinômio que a Retórica antiga estabeleceu como efeitos possíveis do discurso. Ficar unicamente com aquilo que ele instrui, com seu conteúdo, o que resultaria de uma tradução prosificada de seus preceitos, seria traduzi-lo pela metade ou, a considerar os efeitos acima, por um terço do que, de fato, é: um autorizado manual + expresso com toda beleza de que o classicismo romano (e horaciano) se orgulhava + para arrebatar o leitor de êxtase encantatório.

Sim, a *Arte póética* de Horácio é muito mais que uma arte poética, e Guilherme Gontijo Flores reúne como poucos dentre nós as habilidades necessárias para sua tradutibilidade em Português. É poeta, *poietés*, criador/fazedor de premiada obra autoral. É professor de Grego Antigo e Latim, bem como tradutor poliglota, que, além de dominar a técnica poética, ensina-a. É um estudioso de Horácio (um horacianista) com tese de doutorado defendida sobre o poeta e com projeto adiantado de tradução integral de sua obra não breve, nem leve.

Enfim, antene-se o leitor, diante desta edição de Horácio ricamente aparelhada por introdução, tradução e notas, que este novo livro de Guilherme também é muito mais do que uma ótima tradução, já que: 1) substancia uma interpretação bastante inovadora do poema, confinando-o com a Sátira romana; 2) erige, nos valiosos paratextos, uma exegese original engendrada por um contato íntimo com a letra do texto e de seus intertextos gregos e latinos; 3) enriquece a língua/cultura lusófona com um novo verso, o qual puristas poderiam até chamar de bárbaro, mas que está mais para um doce bárbaro, pleno de som/melodia e de requebros que só ele.

Um regulador esquivo

Guilherme Gontijo Flores

Desejo e liberdade na tradução de poesia formam uma equação de paradoxos que só pode ser medida pela felicidade, se é que a felicidade aceita qualquer métrica em sua desmesura. Desejo é coisa cega por excelência: não aponta ao que determina a vontade e por certo não cabe num querer, nem se pode resumir ao que surge na consciência como direcionamento das ações. No entanto nos move, talvez mais que tudo. Uma possível etimologia a partir de *desiderium* aponta para a busca de um astro sumido no céu (*de* + *sideris*), como um anseio pelo que estava ali e já não pode mais se achar; nesse sentido, o desejo é mesmo um desastre, porque precisa encontrar o que não se apresenta, nem se entrega. Por outro lado, a liberdade, para além de um sonho de autodeterminação plena, é um conceito das relações humanas: *liber* não é quem pode tudo que quer, mas aquele que pode, quase antes de tudo, dizer alguns *nãos*. Nisto, em Roma, um nascido livre se diferencia de um liberto: este tem menos acesso ao não. Para além disso, o que define a liberdade geral? Penso, como Slavoj Zizek, que a liberdade não pode ser definida ou confirmada no momento dos atos, considerando uma escolha como puro movimento do livre-arbítrio, porque tudo é também condicionado por vários fatores que acabam, no limite, por abolir a noção de volição retirada do mundo. Mais preciso seria afirmar a liberdade como ato retroativo daquele que se considera livre, isto é, como assunção da responsabilidade (capacidade da dar resposta) aos próprios atos do passado, reconhecimento de continuidade e afirmação, assim não só do que já se fez, mas do que se faz ao assumir o feito.

Se a tradução poética envolve a desastrada cegueira do desejo (e poderia alguém dar-se ao dispêndio de traduzir poesia sem uma tal ἄτη, cegueira e perdição?) e a necessária afirmação de uma liberdade de escolhas a cada passo, uma escolha que só se afirma retroativamente, como assunção do resultado (e aqui não seria um pouco o paradoxo da composição como dom das Musas, partilha do humano treinado e do insondável divino?), mais importante que a definição exata do desejo e das liberdades em jogo será a felicidade do que medra. A felicidade, aqui, pensada também em suas acepções de fertilidade a partir de *felix-felicitas* em latim.

Assim, busco reformular, como mero preâmbulo, o que configura o risco de traduzir e de propor novos projetos tradutórios e também críticos: procurando o astro sumido no texto, algo se encontra que só poderá ser plenamente afirmado depois, como surpresa ao tradutor-poeta que assume a tradução como sua; sendo esta a liberdade reencontrada num desejo cego, sua chance no mundo é fertilizar, desdobrar-se em outros desejos, em desejos dos outros, que ali cegamente também reconhecem sua liberdade.

***

Mas vamos à dureza dos dados, escassos e ambíguos que são, para entendermos melhor o contexto deste livro. *Epistula ad Pisones*, *Carta aos Pisões*, mais famosa como *Ars poetica*, a *Arte poética*, é a obra de mais difícil datação no *corpus* horaciano, tanto para definir sua composição como para determinar minimamente sua primeira edição. Por ser claramente uma das *Epístolas* publicadas[1] na última fase do poeta, nas edições modernas ela costuma vir ao fim do segundo livro, sem que necessariamente fizesse parte dele originalmente. Essa tradição remonta pelo menos a Carísio (séc. IV d.C.), que a cita como *Horatius in epistularum* ("Horácio no livro de *Epístolas*"); porém a designação alternativa como *Arte poética* já existia pelo menos desde Quintiliano (séc. I d.C.), que entende o poema também como um livro autônomo, ao designá-lo *liber de arte poetica* (*Instituição oratória*, 8.3.60), o que faria todo sentido, dado o tamanho dessa que é a mais longa obra horaciana, com 476 versos. Talvez por isso, nos manuscritos ela costume aparecer em segundo lugar, logo depois das *Odes*, ou em quarto, depois das *Odes*, *Epodos* e do *Canto secular*. Enfim, como conclui Rudd (1989, p. 19), não podemos nem mesmo ter certeza de que Horácio publicou a obra em vida.

Ainda assim, a dedicatória do poema aos Pisões pode nos ajudar, bem como o comentário de Porfirião. Trata-se muito provavelmente do pontífice Lúcio Calpúrnio Pisão (48 a.C. – 32 d.C., cônsul em 15 a.C., viria a ser *urbis custos* em 23 d.C.) e dos seus dois filhos, que permanecem absolutamente desconhecidos até o momento. Se é assim, uma

---

[1] Sobre o complexo processo do que se pode chamar publicação em Roma, cf. o precioso livro de Valette-Cagnac, 1997, e a minha própria tese de doutorado (FLORES, 2014b).

data provável para a composição seria em torno de 10 a.c., quando Pisão pai retornou de sua campanha na Trácia; e há ainda outro ponto para justificar essa família, que estava ligada à poesia desde pelo menos uma geração, pois Lúcio Calpúrnio Pisão Cesonino, pai do pontífice, havia sido patrono do poeta e filósofo epicurista Filodemo; seguindo esses passos, Pisão, além de ser poeta ele próprio, também foi patrono de Antípater de Tessalônica. No entanto, não podemos desconsiderar a possiblidade de que seja Cneu Calpúrnio Pisão (70? – ?, cônsul em 23 a.C.), que teve dois filhos; nesse caso, a data mais provável seria em torno de 20 a.C. Porém, nada nessa parte da família Pisão parece aproximá-los da poesia ou de Horácio especificamente; além disso, o filho mais velho já não seria mais adolescente, tal como é descrito no poema, pois se tornou questor em 19 ou 18 a.C. Como percebeu Villeneuve, estamos longe de dar a essa questão uma resposta precisa, o que pode ser ainda mais complexo pelo fato de que Horácio não nos dá qualquer comentário, por exemplo, sobre a *Eneida* de Virgílio, que poderia nos ajudar um pouco.

    Charles Brink (1963), no primeiro volume de seu trabalho monumental, apresenta uma série de dados inquestionáveis e insiste que é impossível datar a obra, mas que a afirmação de que o próprio Horácio não estaria escrevendo nada na época (v. 306, *nil scribens ipse*) indicaria um período em que o poeta não estava dedicado ao ápice de seu projeto, com as *Odes*. Se assim for, ela poderia ter sido escrita no intervalo entre os três primeiros livros de odes e o quarto, ou seja, entre 23 e 18 a.C., que caberia no período de Cneu Calpúrnio Pisão; ou então no período entre a publicação do quarto livro de *Odes* e a morte do poeta, ou seja, entre 14 e 8 a.C., que caberia no período de

Lúcio Calpúrnio Pisão. Nenhuma informação textual do poema ou dos dados externos é capaz de resolver a questão, que permanecerá por muito tempo indecidível. Até mesmo porque a expressão *nil scribens ipse* pode ser lida apenas como marca de que o poeta daria preceitos sobre drama e épica, sem que ele próprio escrevesse nesses gêneros. Sem pretensão a qualquer certeza, ficarei então com a primeira hipótese aventada, que me parece mais convincente como hipótese, e dato o poema em torno de 10 a.C., apenas dois anos antes da morte do poeta.

Falar sobre a organização da *Arte poética* permanece sendo um problema delicado e de difícil consenso, pois se o poema apresenta algum tipo de estrutura, ele certamente não se dá de modo marcado como na tratadística antiga; mas difere e, sobretudo nas transições, é até mesmo mais instável que outros poemas didáticos, tais como as *Geórgicas* de Virgílio e as *Astronômicas* de Manílio. Pelo contrário, em Horácio o que mais encontramos são passagens ambíguas, que muitas vezes podem ser lidas em relação com o que vinha sendo dito pouco antes ou com o que será dito logo depois; isso acontece tanto em pequenas transições como em movimentos maiores do poema, de modo que é possível ver na sua organização um deslizar constante, que faz da fluidez o modo do pensar poético sobre a poesia. Não é à toa, portanto, que Escalígero, em 1561, diria que se tratava de uma "arte transmitida sem arte" (*ars sine arte tradita*), numa espécie de exagero ou de ingenuidade sobre o fato de que, também para Horácio, *ars est celare artem*, ou seja, faz parte da poética não deixar traços óbvios de sua estruturação, uma prática que vemos também muito bem realizada nas *Elegias* de Tibulo e preceituada no famoso verso das *Metamorfoses* (10.252) de Ovídio: *ars adeo latet arte sua* ("assim a arte se esconde na própria arte"). Alexander Pope diria as seguintes palavras sobre a obra preceitual horaciana:

> *Horace still charms with graceful negligence,*
> *And without method, talks us into sense.*

> Num descuido charmoso Horácio nos seduz,
> Sem ter um método ele fala e traz a luz.

Esse descuido charmoso (*graceful negligence*) pode até parecer sem método (*without method*); no entanto, o suave paradoxo de *graceful negligence* é mais feliz que o comentário do verso seguinte. Talvez André Dacier tenha sido mais certeiro em falar da beleza da desordem (*la beauté du désordre*) que invade o poema, ao perceber, nessas palavras, que há um projeto que se mostra como da ordem da desordem. Talvez fosse isso que poderíamos depreender no paradoxo mais conciso de Lehrs, ao encontrar na *Arte poética* uma forma da amorfia (*Forme der Formlosigkeit*), na medida mesma em que a obra plasma o aparentemente implasmável, apresenta-se como carta (epístola, na tradição inventada por Horácio, em diálogo claro com suas conversas dos *Sermones*[2]), ou seja, conversa escrita com alguém razoavelmente próximo, e como tratado de poética, apresentação sistemática de uma arte (τεχνή), ao mesmo tempo em que não é puramente nenhuma das duas coisas.

---

[2] Tradicionalmente traduzido como *Sátiras*, termo que usarei para me referir à obra; no entanto eu mesmo traduzo a obra mais ao pé da letra como *Conversas*. Entendo, no fim, que Horácio, dentro do gênero satírico promove o modelo conversacional oral (*Sermones-Sátiras-Conversas*) e escrito (*Epistulae-Epístolas-Cartas*).

É portanto nessa hesitação que pretendo pensar e traduzir a obra, considerando que, mais do que uma falha ou um deslize, as ambiguidades constitutivas da *Arte poética*, inclusive em sua determinação genérica, são o cerne do experimento horaciano, que já vinha sendo desenvolvido desde o primeiro livro das *Sátiras*. Nesse sentido, é sempre bom lembrar que o livro das *Epístolas* é, ao seu modo, uma continuação das *Sátiras*, na medida mesmo em que permanecem sendo *sermones*, ou seja, conversas. A diferença central está no fato de que, nas *Sátiras*, Horácio experimentava o jogo de criar ficcionalmente conversas em ambiente vocal, com várias peças imitando o modo de um diálogo, ou de um monólogo em tom de conversa; enquanto nas *Epístolas* o modo do diálogo se concentra no monólogo dramático escrito a um destinatário que permanece silente, embora compareça como interlocutor e como causa primeira dos temas poéticos abordados. Mesmo assim, Leon (1995, p. 26-27), por exemplo, sugere que poderia haver uma sátira perdida de Lucílio que serviria como modelo para a *Arte poética* horaciana, embora nada possa ser comprovado de fato. Com isso em mente, não podemos esquecer que, embora não tenhamos certeza sobre quem são os Pisões em questão, ainda assim o modo pedagógico de escrita sobre poética certamente dialoga com os interesses deles (mais provavelmente do pai e sobretudo do filho mais velho, que permanece anônimo); igualmente é do interesse deles e de suas posições políticas que deriva o interesse maior pela épica e pelo drama na *Arte poética*, de modo que sempre que são invocados e interpelados, temos um momento importante do poema (WICKHAM, 1901) como carta *ad hominem*, ainda que, ao fim e ao cabo, o poema seja obra pública destinada a todos que tiverem acesso (cf. KILPATRICK, 1986).³

Voltando à classificação da obra, julgo pertinente citar este claro resumo das interpretações mais importantes do século passado, feita por Rosado Fernandes (HORÁCIO, 2012, p. 27-28):

> *Norden* atribui-lhe um carácter isagógico, isto é, considera-a uma introdução à poesia, com a divisão *ars+artifex*, *Rostagni* pretende ver nela um tratado de poesia à moda de Aristóteles, sem a profundidade da obra deste. *Immisch* diz tratar-se de uma selecção de problemas poéticos. *Steidle*, por sua vez, afirma ser um conjunto de preceitos, mas não um tratado. Cremos, por nossa parte, que na *A. P.* há um pouco de tudo o que se defende nestas opiniões se, no entanto, admitirmos que seja um tratado (grifos do tradutor).

Mas seja como for, o hibridismo da obra sempre terá de se resguardar dentro do espaço do *sermo*, o que explica uma série de recursos para borrar as transições, emulando assim o monólogo epistolar ou conversacional que garante sua verossimilhança. É por esse caminho que poderíamos, como Ross Kilpatrick (1990, p. 33), conjecturar quais são os sentidos possíveis de *ars* numa obra como essa. Em primeiro lugar, claro, *ars* traduz o termo grego τεχνή, com o sentido de tratado técnico ou manual sobre determinado assunto; no entanto, é possível entender o termo também como "ofício" ou "profissão"; nesse sentido, uma *ars poetica*

---

[3] Nesse aspecto, as *Epístolas* são capazes de dar continuidade ao trabalho de Cícero sobre as relações de amizade no mundo romano.

horaciana poderia ser um livro sobre a "profissão poética", sobre o "ofício da poesia", o que tiraria de si todo o peso tratadístico que tantos esperaram e ainda esperam da obra. E mais, como recorda Kilpatrick, este poema ao modo de um anel começa e termina em caricaturas satíricas, que fazem do riso uma força constante, que infelizmente tende a ser deixada de lado nas análises mais rígidas, junto com seu vínculo com a tradição da sátira romana. Aqui precisamos talvez levar um pouco menos a sério, ou menos planamente, o trabalho imenso de Brink, para concordar com Gordon Williams (1969), quando em sua longa resenha ao livro de Brink, nos provoca a ponto de pensarmos que é possível ler a *Arte poética* como uma espécie de paródia das *artes* tradicionais. Laird (2007, p. 142), por outro lado, afirma que o poema seria muito mais voltado para formar leitores e críticos do que para ensinar poetas. Eu diria que como epístola, ligada aos *sermones* e à *satura*, a *Arte poética* horaciana é uma saturação de humores, uma curiosa composição metapoética organizada por um regulador esquivo, que quase o tempo todo evita dar preceitos inequívocos e é capaz de rir, mesmo que discretamente, de quase tudo que toca.

Mais uma vez, a técnica de transição deslizante ou fluida (conceito derivado de Paul Cauer em 1906) também pode ser ligada à prática da oratória romana, tal como vemos em *Do orador* (2.177), quando Marco Antônio comenta o seguinte:

> *tractatio autem uaria esse debet, ne aut cognoscat artem qui audiat aut defatigetur similitudinis satietate [...] interpuncta argumentorum plerumque occulas, ne quis ea numerare possit, ut re distinguantur, uerbis confusa esse uideantur.*

O tratamento deve ser variado, para que o ouvinte não reconheça a arte nem se canse com a saturação do mesmo [...], que você oculte, em larga medida, os intervalos dos argumentos, para que ninguém possa contabilizá-los, e para que se distingam no tema e pareçam estar misturados nas palavras.

Penso que poderíamos, sem medo, reconhecer o mesmo estratagema oratório na organização do *sermo* – epistolar ou não – da *Arte poética*. Daí a importância constante do riso, tanto como artifício do diálogo em possível chave satírica, quanto como modo de persuasão (GOLDEN, 1996, p. 32, chega a se perguntar se o poema não poderia ser lido como uma sátira contra os Pisões, que então encarnariam uma espécie de filisteus da arte). Daí também a possibilidade de que estruturas diversas funcionem simultaneamente na análise do poema, como em várias outras obras augustanas e como eu mesmo já analisei no que diz respeito às *Odes* (FLORES, 2014). É assim que o poema se organiza como uma unidade complexa, repleta de variações e de vivacidade; num jogo ainda mais sutil pela arte da ironia horaciana.

Para além dessa ambiguidade de gênero e estrutura, capaz de produzir interpretações as mais diversas com aparente base textual, parece ainda fundamental desdobrar a obra em uma segunda ambiguidade constitutiva: sua hesitação entre obra escrita e performance vocal também nos convida a encontrar, para além da trama conceitual e do desenvolvimento estrutural, também uma escuta do poema, que na tradução pode se desdobrar em performance vocal do poema traduzido e do original. A força da escrita é determinante nas *Epístolas* como um todo, pois como nas

Sátiras, aqui imperam as referências ao labor poético como um ato de escrita, em contraponto com as menções ao canto e à música que imperam nos *Epodos* e nas *Odes*; mais até do que nas *Sátiras*, as *Epístolas* anunciam seu caráter escrito desde o título, já que são poemas conversacionais que se apresentam na forma de uma carta artificial. No entanto, como é de conhecimento geral, as práticas vocais estavam disseminadas por todo território romano e, mesmo numa cultura do livro (ou até, mais precisamente, numa poética do livro), sabemos que o principal modo de leitura era por meio da vocalização, seja do leitor solitário, seja por meio de um escravo escolhido para essa função, seja numa roda de amigos em torno de apenas um *uolumen*, isso para nem tocarmos na questão das performances teatrais e musicais que eram feitas a partir dos poemas escritos, como é o caso das *Bucólicas* de Virgílio, que atingiram seu maior sucesso nos palcos da época (cf. Suetônio, *Vita Vergilii*, 26 – o termo usado para os intérpretes é "cantores"). Enfim, se até a leitura solitária era feita em voz alta e se toda literatura romana, por mais que fundada na letra escrita, circulava pela voz, por que não considerar uma epístola horaciana nesse limiar de vozes? Por que não forçar o poema de volta a uma voz? Por que não dá-lo a uma voz viva mais uma vez? Essa voz que assume o texto latino e sua possível tradução é também a voz que modula e toma decisões sobre uma poética de ambiguidades; não necessariamente ela precisa ou procura resolver todas as ambiguidades para dar um sentido unívoco, mas ao enfrentar o poema, ela gera novas camadas ao que se dá puramente no papel. Nesse sentido, é possível pensar uma tradução que tente guardar o máximo da abertura textual, considerando a poética deslizante como a mais frutífera do poema, enquanto uma voz se expõe ao risco de tomar partido. Já dizia Horácio, *nescit uox missa reuerti* ("a voz lançada não volta", v. 390); e um adágio de Walter Benjamin (1995, p. 33) em "A técnica do crítico em treze teses" nos lembra que "quem não é capaz de tomar partido tem de calar-se" (*wer nicht Partei ergreifen kann, der hat zu schweigen*). A voz, essa que não sabe voltar, mesmo desatenta, já tomou partido, desde a partida.

Seja como for, o problema mais geral da estrutura da *Arte poética* – problema que não pretendo de modo algum resolver, mas pelo contrário ampliar, frutificando como poética tradutória —, é incontornável, hoje, o que Porfirião já nos dizia, ao iniciar seus comentários ao poema com o seguinte:

> *in quem librum congessit praecepta Neoptolemi* τοῦ Παριανοῦ *de arte poetica, non quidem omnia sed eminentissima. Primum praeceptum est* περὶ τῆς ἀκολουθίας.

> nesse livro ele reuniu preceitos de Neoptólemo de Pário acerca da arte poética, claro que não todos, mas os mais notáveis. O primeiro preceito é *sobre a conformidade*.

Apesar de não podermos confiar plenamente em tudo que o comentador nos diz, apesar ainda mais de não termos praticamente nenhum conhecimento sobre a obra de Neoptólemo de Pário (*floruit* provável na virada dos sécs. III-II a.C.), fora os poucos preceitos encontrados em fragmentos *Dos poetas*, de Filodemo, na edição de Jensen em 1923; ainda assim, é possível seguir algumas hipóteses interessantes que também traçam um caminho entre a *Poética* de Aristóteles (que muito provavelmente Horácio nunca leu diretamente) e a *Arte poética*, passando pela obra de Neoptólemo. Por isso,

sobre a estrutura de base, sigo a proposição formulada por
C. O. Brink (1963), de que o poema seria constituído por
uma apresentação (vv. 1-41), seguida de três partes:

1. arranjo e dicção (vv. 42-118);
2. tema e caráter, exemplificados por épica e drama
   (vv. 119-294);
3. o poeta, sua formação e a crítica literária (vv.
   295-476).

Essa tripartição é seguida fielmente, por exemplo, pela tradução portuguesa de R. M. Rosado Fernandes e, exceto pela noção de uma apresentação, ela coincide em parte com a divisão um pouco mais recente de Nial Rudd (1989) em sua edição crítica comentada, que me parece um pouco menos sutil:

4. a composição do poema: preceitos gerais (vv.
   1-152);
5. drama: preceitos e história (vv. 153-294);
6. o poeta: seus anseios e vocação (295-476).

A tripartição que adoto, ainda segundo Brink, poderia recriar o pensamento de Neoptólemo de Pário, na sequência de *poema, poesis, poeta*, sendo que *poema* designaria mais precisamente o estilo da produção do verso (σύνθεσις τῆς λέχεως, sua capacidade de criação poética enquanto forma), *poesis* designaria a composição de um todo maior e unitário que formaria uma obra (a ὑπόθεσις como tema que, portanto, demanda elaboração delongada dos conteúdos, o que se exemplifica pela épica e pelo drama), e por fim *poeta* designaria as práticas do indivíduo e sua inserção social; a tríade unida seria uma poética propriamente dita (cf. também ASMIS, 1992). Assim poderíamos comparar a organização triádica apresentada por Brink em relação com o que sabemos de Neoptólemo e com as obras de Aristóteles:

Neoptólemo, fragmentos	—	ποίημα	ποίησις	ποιητής
Aristóteles	Poética caps. 7 e 8	Retórica Livro 3	*Poética* e *Retórica* 2.12-14	De poetis ?
Horácio, *Arte poética*	vv. 1-41	vv. 42-118	vv. 119-294	vv. 295-476

Porém, ao escolher a tripartição de Brink com Neoptólemo em mente, gostaria de afirmar que não considero, de modo algum, a divisão absoluta ou incontestável: Horácio não faz absolutamente nada para evitar o equívoco ou explicitar uma dívida direta com qualquer autor anterior; do mesmo modo, em diversos momentos vemos como o poeta insere questões de uma parte em outra, por meio de repetições e retomadas, que produzem um senso de fluidez discursiva. É possível, por exemplo, seguir a organização de Donald Russell (*apud* LAIRD, 2007, p. 136) para sua tradução, sem uma macroestrutura subjacente, e ainda assim obter um bom resultado:

> 1–23   Unidade e consistência
> 24–58   Habilidade necessária para evitar erros
> 59–72   Palavras em voga
> 73–98   Metro e tema
> 99–118 Emoção e *ethos*
> 119–78 Escolha e tratamento do mito

179–201	Regras para dramaturgos
202–19	Desenvolvimento da tragédia
220–50	Dramas satíricos
251–68	Demanda por perfeição técnica no metro
269–74	Modelos gregos
275–84	Inventividade dos gregos no drama
285–94	Inventividade dos romanos
295–322	O poeta
323–90	Atitudes gregas e romanas
391–407	A poesia e seus usos e valores sociais
408–52	Arte e natureza
453–76	O poeta louco

Também considero interessante a divisão proposta por Pierre Grimal (1968) a partir dos quatro tipos de causas no pensamento de Aristóteles já incorporadas aos pensamento romano, por exemplo em Sêneca (*Cartas a Lucílio*, 65.4): material (*materia*), eficiente (*opifex*), formal (*forma*) e final (*propositum*). Isso para nem falar nas possibilidades numéricas levantadas por Grimal e também por K. Gantar (*apud* HORÁCIO, 2008), que levam até mesmo à relação com a série de Fibonacci, dividindo o poema em duas partes (vv. 1-182 e 183-476), que por seu tamanho relacional de 182/294 estabelecem entre si uma proporção de 1,615, ao mesmo tempo em que a relação do número de versos segunda parte com o todo, de 294/476, faria uma proporção de 1,619. As variedades por vezes beiram o assombro, e não me interessa aqui comprová-las ou questioná-las. Sigo, portanto, a proposta de Brink porque ela me parece convincente para ler o texto horaciano e ainda é capaz de o pôr em diálogo com obras anteriores, ao mesmo tempo em que confirma o que nos diz Porfirião, porém lembrando, com Karl Büchner (1979), que ainda não conseguimos capturar Proteu. Talvez melhor do que dizer que seja uma estrutura fosse afirmar que a tripartição forma um substrato para que o poema entre em movimento. Talvez seja interessante levar ainda outros fatores em consideração quando falamos da obra como um todo. Creio que seja possível, por exemplo, sobrepor quatro estruturas importantes que funcionam ao mesmo tempo. Em primeiro lugar, a tripartição de Neoptólemo, já comentada; em segundo, o crescendo dos destinatários (v. 5, *amici*; v. 6 *Pisones*; v. 24, *pater et iuuenes patre digni*; vv. 291-2 *Vos, o/Pompilius sanguis*; vv. 366-7, *O maior iuuenum, quamuis et uoce paterna/fingeris ad rectum*) tanto em força e tamanho quanto em especificidade; em terceiro lugar, Horácio parece fazer um ônfalo poético ao dedicar a parte central da obra ao drama (vv. 152-294, quase um terço do todo), talvez para atender ao pedido dos Pisões; por fim, a obra tem abertura e encerramento com maior força satírica, além de início e fim abrupto. Eis um esboço simplificado do efeito dessas sobreposições:

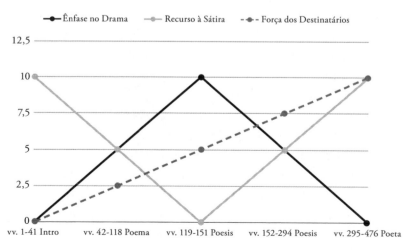

O que emerge então é uma noção de unidade muito complexa, permeada por efeitos de variedade e sobreposições de movimentos a partir de temas diversos.

Do mesmo modo, se há preceitos de Neoptólemo, tudo indica que temos também influências de Platão (*Fedro*, 246c trata da comparação entre obra e organismo), Aristóteles (*Poética* e *Retórica*, como já foi dito), Lucílio (vv. 1196-1208, sobre a virtude, quando também defende os elos com amigos e com a pátria), Cícero (*Do orador*, 2.188-97 trata do impacto afetivo; 1.113 e ss. aborda os dilemas entre *ars* e *ingenium*) e Varrão (*Das origens cênicas* apresentava uma origem única para o drama, com seu desenvolvimento), para ficarmos apenas nos exemplos mais gritantes. Isso não quer dizer que Horácio esteja colado a qualquer outro autor: seu projeto diverge muito do temperamento da tratadística aristotélica, tal como é possível talvez encontrar mais divergências do que similaridades com Cícero; é com essas diferenças em mente que anoto os pontos em comum (proposta derivada de Alberte, 1989), para rastrear os momentos em que Horácio acolhe algumas tradições. Seja como for, a *Arte poética* retoma uma série de argumentos e ideias horacianas que já apareciam em metapoemas mais longos, tais como *Sátiras*, 1.4, 1.10 e 2.1, ou em *Epístolas*, 2.1 e 2.2; no entanto, em nenhum outro momento de sua carreira Horácio realizou uma obra poética e fluida ao mesmo tempo tão sistemática e tão baseada em teorias correntes em sua época; é sem dúvida um *tour de force* e uma realização que não para de mover os leitores das mais diversas culturas, línguas e períodos da história.

A *Arte poética* teve uma forte recepção já na Antiguidade, mas ela se torna um centro de estudos poéticos a partir do Renascimento (cf. ROSTAGNI, 1930) com um impacto prolongado por toda a Europa, que recebe boa análise de Moralejo (HORÁCIO, 2007, p. 360-71), além, claro, dos ecos pelo Novo Mundo. A tradição em língua portuguesa em torno da *Arte poética* é imensa, desde pelo menos 1553, quando Aquiles Estaço publica em latim o primeiro comentário conhecido, em Antuérpia, até a tradução de Pedro Braga Falcão, em 2017, publicada em Portugal. Seria exaustivo tentar listar tudo que se produziu entre os lusófonos, praticamente impossível anotar a pletora de estudos, comentários e traduções nas outras línguas europeias. Por isso, listarei apenas os tradutores que fizeram incursões poéticas de que tenho conhecimento:

1. Cândido Lusitano (1758, 2. ed., 1778);
2. Miguel do Couto Guerreiro (1772);
3. D. Rita Clara Freire de Andrade (1781), também atribuída a Bartolomeu Cordovil ou a Antônio Isidoro dos Santos;
4. Jerônimo Soares Barbosa (1791, 2. ed., 1815);
5. Marquesa de Alorna (1812);
6. Antônio José de Lima Leitão (1827);
7. Antônio Luiz de Seabra (1846);
8. Bruno Francisco dos Santos Maciel (2017);
9. Brunno V. G. Vieira e Leandro Dorval Cardoso (inédita).

É muito curioso notar que, nos mais de cinco séculos de língua portuguesa, praticamente todas essas traduções poéticas se concentram num período de menos de noventa anos (1758-1846), o que acaba por marcar interesses de época que hoje já nos parecem demasiado distantes. Publicada, eu conheço apenas a tradução poética de Maciel ao longo dos séculos XX e XXI; para além dela tenho conhecimento de duas versões prosaicas: a tradução coletiva de Bruno Maciel, Darla Monteiro, Júlia Avelar e Sandra Bianchet (2013, Viva Voz) e a de Pedro Braga Falcão (2017); muito embora estejam dispostas em versos para facilitar a consulta ao original, são trabalhos filológicos, cuidadosos, porém prosaicos. Mais digno de nota, quanto às soluções poéticas, é o trabalho de Brunno V. G. Vieira (2011) para os primeiros cem versos do poema, que acabou se desdobrando numa parceria com Leandro Dorval Cardoso que contemplará todo o poema, porém ainda inédita.[4] Assim, fora a tradução dodecassilábica de Bruno Maciel (2017),[5] infelizmente ainda inédita em livro, estamos há mais de cento e setenta anos sem uma tradução poética integral e anotada desse poema. Se depois desta minha tradução estas outras duas saírem publicadas em livro, estaremos diante de um marco de nova vida de interesse tradutório e poético por essa obra fundamental do pensamento crítico literário da Antiguidade.

Seguirei, portanto, a edição de Shackleton Bailey, como pretendo fazer com o resto da obra, já que este é o primeiro volume de uma tradução integral de Quinto Horácio Flaco;

---

[4] Agradeço imensamente aos dois poetas, tradutores e amigos que me deram a chance de ver a tradução logo que foi terminada. Espero que ela saia em breve, visto que está no prelo.

[5] Agradeço também ao avaliador anônimo do artigo para a revista *Em tese* (onde publiquei uma versão anterior e diferente da presente tradução, sem notas), que me informou sobre o trabalho de Maciel, que eu até então desconhecia. Do pouco que já pude ver, compreendo que seja uma contribuição muito importante para os estudos e as traduções de Horácio no Brasil.

porém neste caso acompanho de perto as proposições de Brink, com um olho em Rudd e em outros comentadores e editores. À diferença da maioria deles, recuso-me a inserir no corpo do poema qualquer tipo de título para cada passagem, por acreditar que essa organização pedagógica, se é muito útil ao estudo analítico do poema, é a forma mais rápida de aniquilar sua poética da hesitação constante. Diante disso, apenas faço paragrafações que auxiliem minimamente o leitor diante de um poema longo, para que possa respirar; e também insiro quebras de linha para dividir as quatro partes que constituem a organização maior do poema. Qualquer tipo de análise será restrita às notas, que então poderão, quando julgar mais necessário, reintroduzir as quebras apenas como instrumento didático mais ágil.

Cabe aqui uma nota breve sobre a escolha métrica, porque o presente projeto de tradução integral da obra horaciana contempla toda a sua versatilidade métrica; com isso, pretendo produzir um metro para cada um dos metros utilizados pelo poeta romano, até performar seus quase vinte ritmos diferentes em texto e voz. É tradicional a discussão sobre como adaptar os metros da poesia antiga, já que são baseados numa diferença entre sílabas longas (—) e breves (v), que é natural nas línguas grega e latina; o problema se dá porque o português apresenta apenas a diferenciação entre sílabas tônicas e átonas, e foi a partir dessa diferenciação que a nossa métrica se organizou. A *Arte poética* está escrita em hexâmetros datílicos, o mesmo metro que encontramos nas épicas de Homero, em toda a obra canônica de Virgílio e nas *Sátiras* e *Epístolas* de Horácio. O hexâmetro é composto por seis pés dátilos, ou seja, uma sílaba longa seguida de duas breves (— v v); por sua vez, podemos permutar duas sílabas breves por uma longa, formando assim um pé espondeu (— —), exceto no quinto pé, que é quase sempre obrigatoriamente um dátilo, e o último tem apenas duas sílabas, podendo a última ser longa ou breve (— ou v); com isso, o verso, embora metrificado, não tem um número regular de sílabas e pode variar entre 13 e 17 sílabas poéticas na nossa contagem. O fato é que ele parece observar muito mais a uma lógica musical de compasso. Assim, anotando as variantes possíveis, sem entrar no problema mais complexo das cesuras internas, eis um esquema simplificado do hexâmetro datílico. Para compreendê-lo, basta pensar que 1) – indica sílaba longa, que dura dois tempos; 2) v indica a sílaba breve, que dura um tempo; 3) x indica a sílaba ancípite em fim de verso, que pode ser longa ou breve[6]; 4) v v indica que podemos substituir duas breves (v + v) por uma longa (—); e | indica a divisão de um compasso de quatro tempos que compõe cada um dos seis pés:

```
   1       2       3       4       5       6
— v v  | — v v | — v v | — v v | — v v | — x
```

---

[6] Isso não quer dizer que para os antigos dava no mesmo terminar o verso com sílaba longa ou breve, como vemos pelo testemunho de Quintiliano (*Instituição oratória*, 9.93-4): "Mas quando consulto os ouvidos, entendo que difere muito a sílaba realmente longa que encerra da que vale por uma longa. [...] E não importa se a última é longa ou breve, pois o pé será igual; na verdade não sei bem como um se deterá, ao passo que o outro se prolongará" (*aures tamen consulens meas, intelligo multum referre, uerene longa sit, quae cludit, an pro longa. [...] Atqui si nihil referi, breuis an longa sit ultima, idem pes erit; uerum nescio quo modo sedebit hoc, illud subsistet.*). Sobre o assunto vale a pena conferir a tese de doutorado de João Batista Toledo Prado (1997, p. 148-153).

Como já apresentei no artigo "Tradutibilidades em Tibulo" (FLORES, 2011, p. 146-7) e posteriormente desenvolvi ao longo da tese de doutorado (2014), entendo que é possível fazer um hexâmetro datílico brasileiro partindo das regras de metrificação alemãs. O hexâmetro em questão não é um verso tipicamente alemão, mas sim decorrente do hexâmetro fundado pela tradução de Homero feita por Johann Heinrich Voss (*Odisseia* em 1781); nela, o alemão criou um verso de metro também variável que poderia ser resumido na seguinte estrutura: o hexâmetro deve ter 6 tônicas, mas, entre uma e outra, pode haver uma ou duas sílabas átonas: com isso, ele pode recriar também a variação em espondeu. Para além disso, na prática vocal que tenho realizado sozinho ou em grupo com o grupo musical Pecora Loca, venho propondo que essa vinculação não se dá puramente numa equivalência entre sílaba longa do latim e sílaba tônica do português; na verdade, a distribuição visa a uma performance vocal que recrie o efeito de um recitativo em compasso 4/4. Assim, no hexâmetro que proponho a partir do alemão, realizo uma longa que dura dois tempos e breves que duram apenas um tempo; com isso a variação de um dátilo (— v v , portanto 2 + 1 + 1 = 4) aceita um espondeu (— —, já que que 2 + 2 = 4), que em português muitas vezes é feito por uma tônica seguida de uma átona; o que se dá na prática é que a átona também é alongada na performance. Em outras palavras, estou saindo da tradição da métrica escrita e tentando compreender como funciona a metrificação da poesia falada e cantada. A explicação concisa é difícil, por isso escando abaixo os primeiros versos do latim (sublinhadas estão as elisões):

```
1       2       3       4       5       6
— —    — v v   — —    — —    — v v   — x
Huma | no capi | ti cer | uicem | pictor e | quinam

1       2       3       4       5       6
— v v   — v v   — v v   — —    — v v   — x
iungere | si uelit | et uari | as in | ducere | plumas

1       2       3       4       5       6
— v v   — —    — —    — —    — v v   — x
undique | colla | tis mem | bris, ut | turpiter | atrum

1       2       3       4       5       6
— v v   — —    —      v v    — —    — v v   — x
desinat | in pis | cem muli | er for | mosa su | perne,

1       2       3       4       5       6
— —    —      —      — —    v v   — v v   — x
specta | tum admis | si ri | sum tene | atis, a | mici?
```

Em seguida o texto em português, de modo um pouco mais clarificado entre os seis compassos, os usos de longas e breves e as sílabas:

```
  1     | 2      | 3         | 4    | 5       | 6
— —  | — —   | — v    v  | — — | — v  v | — x
Se à ca | beça hu | mana um pin | tor e | quino pes | coço

  1     | 2       | 3        | 4     | 5       | 6
— — | — v  v | — v  v | — —  | — v  v | — x
costu | rasse ao a | caso e apli | casse | penas di | versas
```

```
1     |  2       | 3       | 4      | 5        | 6
— —   | —  v  v  | — v v   | — —   | — v v   | — x
sobre | membros co | lados de | bichos | vários, fin | dando


1     |   2     | 3       | 4       | 5        | 6
— —   | — —    | — v v   | — v v   | —  v v   | — x
preto | peixe hor | rendo da | bela mu | lher do co | meço,


1      | 2       | 3       | 4       | 5       | 6
— —    | — v v   | — v v   | — v v   | — v v   | — x
vendo a | mostra, vo | cês conte | riam o | riso, meus | caros?
```

Como considero que a vocalização do poema é um ponto nevrálgico de sua vida, também gravarei um áudio com toda a *Arte poética* em recitativo rítmico, como poética experimental do hexâmetro datílico em português.

O leitor também perceberá pelas notas e traduções que, sempre que possível, optei por guardar as ambiguidades constitutivas e os silêncios horacianos. Não vejo neles um problema textual que caberia ao crítico resolver, mas sim a maior parte da fertilidade da *Arte poética* como poema, por ler nela a ação de uma regulação esquiva. Para tanto, com o desafio tradutório de guardar por um lado a sugestão de tratado, e por outro a fluidez de conversa improvisada em carta, tenho para mim que este foi o mais trabalhoso em meio a toda obra horaciana que venho enfrentando há uma década, por regular inúmeras vezes o exercício da criação poética paralela. Aqui busquei ainda mais do que no resto da obra Horaciana, guardar uma paraconsistência textual na trama dos vocábulos e imagens, recusando quase sempre a paráfrase e ainda mais o ímpeto explicativo. Talvez eu pudesse dizer que meu guia tradutório foi a epígrafe de Paulo Leminski ao seu próprio *Catatau*: "Me nego a ministrar clareiras para a inteligência deste catatau que, por oito anos, agora, passou muito bem sem mapas. Virem-se". Assim abertamente me incluo: viremo-nos.

Por fim, é preciso agradecer a imensa gentileza de Brunno V. G. Vieira, que supervisionou o pós-doutorado que fiz sobre a *Arte poética*; além da amizade e do acolhimento, dele vieram parte da bibliografia, debates, a possibilidade de lecionar um curso sobre o assunto na Unesp de Araraquara em abril de 2019, que gerou uma série de conversas com alunos e colegas, que só puderam melhorar o que eu tinha até então. Agradeço também a Joana Junqueira, pois com ela tive acesso a metade das traduções poéticas lusófonas, e a uma série de pessoas amigas que me ajudaram entre leituras, audições, apoios e críticas pontuais, que seria demais nomear aqui.

Ars poetica. Ad Pisones Epistula

Arte poética. Carta aos Pisões

Humano capiti ceruicem pictor equinam
iungere si uelit et uarias inducere plumas
undique collatis membris, ut turpiter atrum
desinat in piscem mulier formosa superne,
spectatum admissi risum teneatis, amici? 5
Credite, Pisones, isti tabulae fore librum
persimilem, cuius, uelut aegri somnia, uanae
fingentur species, ut nec pes nec caput uni
reddatur formae. "Pictoribus atque poetis
quidlibet audendi semper fuit aequa potestas." 10
Scimus, et hanc ueniam petimusque damusque uicissim;
sed non ut placidis coeant immitia, non ut
serpentes auibus geminentur, tigribus agni.
    Inceptis grauibus plerumque et magna professis
purpureus, late qui splendeat, unus et alter 15
assuitur pannus, cum lucus et ara Dianae
et properantis aquae per amoenos ambitus agros,
aut flumen Rhenum aut pluuius describitur arcus;
sed nunc non erat his locus. Et fortasse cupressum
scis simulare: quid hoc, si fractis enatat exspes 20
nauibus aere dato qui pingitur? Amphora coepit
institui: currente rota cur urceus exit?
Denique sit quoduis, simplex dumtaxat et unum.

Se à cabeça humana um pintor equino pescoço
costurasse ao acaso e aplicasse penas diversas
sobre membros colados de bichos vários, findando
preto peixe horrendo da bela mulher do começo,
vendo a mostra, vocês conteriam o riso, meus caros?   5
Mas acreditem, Pisões, que a esse quadro se iguala
todo livro que, qual sonhos de um homem doente,
forja-se em formas vãs, que nem pé nem cabeça combina
numa só figura. "Porém ao pintor e ao poeta
sempre se deu o pleno direito de ousar o que queiram."   10
Bem sabemos, pedimos e damos a mesma licença,
mas jamais para unir o feroz ao manso, nem mesmo
pra geminar serpente e pássaro, tigre e cordeiro.
   Num solene início que se anuncia sisudo,
para que brilhe forte de longe, logo se cosem   15
trapos purpúreos, quando um bosque e altar de Diana,
voltas de um curso d'água que desce por campos tranquilos,
ou o Reno ou então o arco-íris seria descrito:
mas agora não era o lugar. Você nos simula
bons ciprestes: pra quê, se nada náufrago o homem   20
desesperado que paga o afresco? Se um vaso começa
como modelo na roda, por que num pote termina?
Faça à vontade, desde que simples na sua unidade.

Maxima pars uatum, pater et iuuenes patre digni,
decipimur specie recti. Breuis esse laboro,   25
obscurus fio; sectantem leuia nerui
deficiunt animique; professus grandia turget;
serpit humi tutus nimium timidusque procellae;
qui uariare cupit rem prodigialiter unam,
delphinum siluis appingit, fluctibus aprum: 30
in uitium ducit culpae fuga, si caret arte.
   Aemilium circa Ludum faber imus et unguis
exprimet et mollis imitabitur aere capillos,
infelix operis summa, quia ponere totum
nesciet. Hunc ego me, si quid componere curem,   35
non magis esse uelim quam naso uiuere prauo,
spectandum nigris oculis nigroque capillo.
   Sumite materiam uestris, qui scribitis, aequam
uiribus et uersate diu quid ferre recusent,
quid ualeant umeri. Cui lecta potenter erit res,   40
nec facundia deseret hunc nec lucidus ordo.

   Ordinis haec uirtus erit et Venus, aut ego fallor,
ut iam nunc dicat iam nunc debentia dici,
pleraque differat et praesens in tempus omittat.
Hoc amet, hoc spernat promissi carminis auctor.   45
   In uerbis etiam tenuis cautusque serendis
dixeris egregie, notum si callida uerbum
reddiderit iunctura nouum. Si forte necesse est
indiciis monstrare recentibus abdita rerum.
fingere cinctutis non exaudita Cethegis,   50
continget dabiturque licentia sumpta pudenter:
et noua fictaque nuper habebunt uerba fidem si
Graeco fonte cadent parce detorta. Quid autem
Caecilio Plautoque dabit Romanus ademptum

    Pai e filhos que honram o pai, a mor parte dos vates
somos logrados na forma correta. Tento ser breve, 25
fico obscuro; quem busca a leveza de nervos e força
logo carece; um promete o grandioso e finda empolado;
pelo chão rasteja o cauto que teme a borrasca;
quem deseja vários prodígios na mesma unidade,
porcos nos mares pinta ou então no mato golfinhos. 30
Fuga de críticas leva ao vício, se falta-lhe a arte.
    Perto da escola Emília, qualquer escultor mequetrefe
unhas expressa e imita suaves cabelos no bronze,
mas em suma infeliz, porque não sabe dar forma
para o todo. E isso, quando preparo um trabalho, 35
não desejo pra mim, nem viver com nareba disforme,
mesmo que vejam meus olhos negros e negro cabelo.
    Quando escreverem, procurem sempre justa matéria
para as próprias forças, ponderem em quanto recusam,
quando sustentam os ombros. Se é controlado na escolha, 40
nunca lhe falta eloquência, nunca a lúcida ordem.

    Todo o vigor e a Vênus da ordem, ou muito me engano,
são que agora diga o que agora deve ser dito,
mas adie o resto e omita no dado momento,
que ame isso e odeie aquilo o autor que promete. 45
    Nas palavras, seja cauto e sutil no entrelace,
pois notável será, se ao termo mais conhecido
uma costura sagaz converte em novo. Se deve
demonstrar o segredo das coisas com termos recentes
ao forjar o inaudito para Cetegos cintudos, 50
toda licença é dada, desde que tenha prudência:
novas palavras recém-forjadas serão acolhidas
se da fonte grega derivam em queda discreta.
    Como os romanos concedem a Plauto e Cecílio o que vetam

Vergilio Varioque? Ego cur, acquirere pauca 55
si possum, inuideor, cum lingua Catonis et Enni
sermonem patrium ditauerit et noua rerum
nomina protulerit? Licuit semperque licebit
signatum praesente nota producere nomen.
   Vt siluae foliis priuos mutantur in annos, 60
prima cadunt: ita uerborum uetus interit aetas,
et iuuenum ritu florent modo nata uigentque.
Debemur morti nos nostraque; siue receptus
terra Neptunus classis Aquilonibus arcet,
regis opus, sterilisue palus prius aptaque remis 65
uicinas urbes alit et graue sentit aratrum,
seu cursum mutauit iniquum frugibus amnis
doctus iter melius: mortalia facta peribunt,
nedum sermonum stet honos et gratia uiuax.
Multa renascentur quae iam cecidere cadentque 70
quae nunc sunt in honore uocabula, si uolet usus,
quem penes arbitrium est et ius et norma loquendi.
   Res gestae regumque ducumque et tristia bella
quo scribi possent numero, monstrauit Homerus;
uersibus impariter iunctis querimonia primum, 75
post etiam inclusa est uoti sententia compos;
quis tamen exiguos elegos emiserit auctor,
grammatici certant et adhuc sub iudice lis est;
Archilochum proprio rabies armauit iambo;
hunc socci cepere pedem grandesque cothurni, 80
alternis aptum sermonibus et popularis
uincentem strepitus et natum rebus agendis;
Musa dedit fidibus diuos puerosque deorum
et pugilem uictorem et equum certamine primum
et iuuenum curas et libera uina referre: 85
descriptas seruare uices operumque colores

para Vário e Virgílio? E eu, que adquiro somente 55
pouco, vou sofrer mau-olhado, se a língua dos velhos
Ênio e Catão enriquece a conversa pátria e oferta
novos nomes às coisas? Sempre foi permitido
dar um nome cunhado na forma do selo presente.
    Como nos bosques que mudam de folhas todos os anos 60
caem as velhas, também fenecem antigas palavras,
mas as recém-nascidas, iguais a jovens, florescem.
Somos devidos à morte, nós e o nosso. E ainda
que Netuno por terra afaste Aquilões das armadas
(obra régia), ou charco estéril e bom pra remadas 65
nutra cidades vizinhas e sinta o peso do arado,
ou que o rio mude seu curso avesso às searas,
por aprender o caminho, perecem os feitos humanos:
nunca perduram a glória e graça viva da fala.
Muitos ainda renascem depois de caírem e caem 70
estes vocábulos que hoje têm glória, se o uso o decide,
já que detém a lei, a norma e arbítrio da língua.
    Feitos de reis e seus generais e tristes batalhas
com seu metro certo de escrita mostrou-nos Homero;
numa costura de versos diversos começa o lamento, 75
logo depois incluiu-se o discurso por voto cumprido,
quem porém seria o autor da curta elegia,
isso os gramáticos sempre discutem, *sub judice* ainda;
foi a raiva que armara Arquíloco dando-lhe o iambo,
e este pé os tamancos e grandes coturnos tomaram, 80
certo pra toda conversa alternada, pois que derrota
toda balbúrdia do povo, metro nascido pro drama;
Musa deu às cordas os deuses e filhos de deuses,
deu vencedores na luta, o primeiro cavalo em chegada,
as aflições dos jovens e versos de vinhos libertos: 85
    se conservar os modos prescritos e as cores das obras

cur ego si nequeo ignoroque poeta salutor?
Cur nescire pudens praue quam discere malo?
　　Versibus exponi tragicis res comica non uult;
indignatur item priuatis ac prope socco　　　　　　　90
dignis carminibus narrari cena Thyestae:
singula quaeque locum teneant sortita decentem.
Interdum tamen et uocem comoedia tollit
iratusque Chremes tumido delitigat ore
et tragicus plerumque dolet sermone pedestri　　　　95
Telephus et Peleus, cum pauper et exsul uterque
proicit ampullas et sesquipedalia uerba,
si curat cor spectantis tetigisse querella.
　　Non satis est pulchra esse poemata: dulcia sunto
et quocumque uolent animum auditoris agunto.　　100
Vt ridentibus arrident, ita flentibus afflent
humani uultus. Si uis me flere, dolendum est
primum ipsi tibi, tum tua me infortunia laedent,
Telephe uel Peleu; male si mandata loqueris,
aut dormitabo aut ridebo. Tristia maestum　　　　　105
uultum uerba decent, iratum plena minarum,
ludentem lasciua, seuerum seria dictu.
Format enim Natura prius nos intus ad omnem
fortunarum habitum; iuuat aut impellit ad iram
aut ad humum maerore graui deducit et angit;　　110
post effert animi motus interprete lingua.
Si dicentis erunt fortunis absona dicta,
Romani tollent equites peditesque cachinnum.
　　Intererit multum diuusne loquatur an heros,
maturusne senex an adhuc florente iuuenta　　　　　115
feruidus, et matrona potens an sedula nutrix,
mercatorne uagus cultorne uirentis agelli,
Colchus an Assyrius, Thebis nutritus an Argis.

eu não posso nem sei, como é que me chamam poeta?
Como em falso pudor prefiro ignorá-lo a sabê-lo?
Tema cômico não se presta a trágicos versos;
é uma afronta também em cantos de foro privado
feitos para o tamanco narrar o jantar de Tiestes:
cada coisa sortida demanda um lugar adequado.
Sim, por vezes também a comédia levanta o discurso
quando bravo um Cremes ralha com falas infladas;
muitas vezes sofre em conversa pedestre Peleu ou
Télefo trágicos, quando pobre, ou na pena do exílio,
largam dito empolado e sesquipedal nas palavras,
quando o lamento pretende tocar no público o peito.
  Não satisfaz o poema bonito, mas doce requinte,
para também levar onde queira a mente do ouvinte.
Frente aos ridentes sorri, tal como chora aos chorosos
todo rosto humano. Se quer que eu chore, primeiro
sofra você, e assim os seus infortúnios me afetam,
ô Peleu e Télefo; mas se falar desleixado,
vou dormir ou então gargalhar. As tristes palavras
cabem no rosto abatido, ameaças no iroso,
no safado as lascivas, sérias no grave, se falam.
Pois Natureza primeiro nos forma por dentro pra todo
golpe do acaso; alegra ou então impele pra raiva,
ou derruba e comprime no chão em pesada tristeza;
só depois a língua intérprete expõe nosso alento.
Se um falante destoa da própria fortuna na fala,
vão os equestres, pedestres romanos soltar gargalhada.
  Muito interessa se acaso é herói ou divo que atua,
velho maduro ou ainda na flor da melhor juventude
todo fogoso, matrona mandona ou nutriz dedicada,
comerciante errante ou colono de verdes searas,
se é assírio ou colco, nutrido em Tebas ou Argos.

Aut famam sequere aut sibi conuenientia finge,
scriptor. †Honoratum† si forte reponis Achillem,
inpiger, iracundus, inexorabilis, acer
iura neget sibi nata, nihil non adroget armis.
Sit Medea ferox inuictaque, flebilis Ino,
perfidus Ixion, Io uaga, tristis Orestes.
Si quid inexpertum scaenae conmittis et audes
personam formare nouam, seruetur ad imum,
qualis ab incepto processerit et sibi constet.
Difficile est proprie communia dicere, tuque
rectius Iliacum carmen diducis in actus
quam si proferres ignota indictaque primus.
　　　Publica materies priuati iuris erit, si
non circa uilem patulumque moraberis orbem,
nec uerbo uerbum curabis reddere fidus
interpres, nec desilies imitator in artum,
unde pedem proferre pudor uetet aut operis lex.
Nec sic incipies ut scriptor cyclicus olim:
"Fortunam Priami cantabo et nobile bellum".
Quid dignum tanto feret hic promissor hiatu?
Parturient montes, nascetur ridiculus mus.
Quanto rectius hic qui nil molitur inepte:
"Dic mihi, Musa, uirum, captae post tempora Troiae
qui mores hominum multorum uidit et urbes".
Non fumum ex fulgore, sed ex fumo dare lucem
cogitat, ut speciosa dehinc miracula promat,
Antiphaten Scyllamque et cum Cyclope Charybdim.
Nec reditum Diomedis ab interitu Meleagri
nec gemino bellum Troianum orditur ab ouo;
semper ad euentum festinat et in medias res
non secus ac notas auditorem rapit, et quae
desperat tractata nitescere posse relinquit,

    Siga a fama firmada ou forje um papel coerente,
caro escritor. Que †honrado† seja em feitura um Aquiles,   120
infatigável, inexorável, iroso e amargo
negue as leis pra si e apenas aposte nas armas.
Seja Medeia feroz e invencível, Ino chorosa,
pérfido Ixíon, Io errante, lúgubre Orestes.
Se na cena inserir o inaudito com toda coragem   125
para formar personagens, conserve até o desfecho
como vinha do início e que fiquem de pé, coerentes.
É difícil dizer como próprio o comum; mais correto
é você desfiar no teatro o ilíaco canto
do que ser o primeiro a mostrar o ignoto inaudito.   130
    Público assunto assim será de júri privado,
se você não tarda em via larga e batida,
nem procura trocar palavra a palavra que nem um
fiel intérprete ou quer imitar num círculo estreito,
onde o pudor e a lei da obra impedem seus passos.   135
Nem comece que nem o poeta cíclico outrora:
"Fado de Príamo quero cantar e a ínclita guerra."
Quem promete tanto cumpre o que fala no exórdio?
Montes podem parir: nascerá um ridículo rato.
Mais correto é aquele que nada constrói sem cuidado: 140
"Conte-me, Musa, do homem, que após a tomada de Troia
viu as cidades e muitos costumes de múltiplos homens."
Que não tira fumo das luzes, mas lume do fumo,
para daí mostrar o espetáculo pleno em prodígios,
seja Antífates, Cila e Caríbdis junto ao Ciclope.   145
Nem inicia em morrer de Meleagro ao voltar Diomedes,
nem de um ovo gêmeo começa a guerra de Troia,
mas vai sempre direto ao assunto e no meio das coisas,
como se já conhecidas, pega o ouvinte e aquilo
sem esperança de brilho no trato deixa de lado;   150

atque ita mentitur, sic ueris falsa remiscet,
primo ne medium, medio ne discrepet imum.
    Tu quid ego et populus mecum desideret audi.
Si plausoris eges aulaea manentis et usque
sessuri donec cantor "Vos plaudite" dicat,   155
aetatis cuiusque notandi sunt tibi mores
mobilibusque decor naturis dandus et annis.
Reddere qui uoces iam scit puer et pede certo
signat humum, gestit paribus colludere, et iram
concipit ac ponit temere et mutatur in horas.   160
Imberbis iuuenis, tandem custode remoto,
gaudet equis canibusque et aprici gramine Campi,
cereus in uitium flecti, monitoribus asper,
utilium tardus prouisor, prodigus aeris,
sublimis cupidusque et amata relinquere pernix.   165
Conuersis studiis aetas animusque uirilis
quaerit opes et amicitias, inseruit honori,
commisisse cauet quod mox mutare laboret.
Multa senem circumueniunt incommoda, uel quod
quaerit et inuentis miser abstinet ac timet uti   170
uel quod res omnis timide gelideque ministrat,
dilator, †spe longus†, iners pauidusque futuri,
Difficilis, querulus, laudator temporis acti
se puero, castigator censorque minorum.
Multa ferunt anni uenientes commoda secum,   175
multa recedentes adimunt. Ne forte seniles
mandentur iuueni partes pueroque uiriles,
semper in adiunctis aeuoque morabitur aptis.
    Aut agitur res in scaenis aut acta refertur.
Segnius irritant animos demissa per aurem   180
quam quae sunt oculis subiecta fidelibus et quae
ipse sibi tradit spectator. Non tamen intus

é assim que ele mente, mistura verdade no falso,
sem que do início destoe o meio e do meio o arremate.
   Ouça agora o que eu e o povo comigo buscamos.
Para manter plateia sentada até que levantem
toda a cortina e por fim o cantor nos peça os "Aplausos",   155
saiba que deve marcar os costumes de todas idades
dando à fugaz natureza dos anos o toque ajustado.
Se um menino já solta a voz e com pé adequado
bate no solo, busca brincar com seus pares e passa
raiva e larga a raiva ao léu, mutável nas horas.   160
Todo jovem sem barba, assim que se afasta da guarda,
gosta de cães, de cavalos, da grama no Campo de Marte,
cera a dobrar-se no vício, rude com seus conselheiros,
tardo em prover o que possa ser útil, pródigo em gastos,
ávido, altivo, rápido para largar os amores.   165
O ânimo e idade viril alteram todo interesse,
busca bens e amizades, atento a *curriculum* e cargos,
foge a qualquer compromisso que peça trabalho no acerto.
Muitos incômodos cercam o velho, seja porque ele
busca e depois se abstém do que tem, ou teme seu uso,   170
seja porque ele cuida de tudo num medo de gelo,
postergador, †alongado da espera†, em pavor do futuro,
rabugento, difícil, louvando o tempo passado
quando fora criança, censor e cricri dos menores.
Muita comodidade trazem os anos que chegam,   175
muita levam os anos que partem. Nunca se entrega
um papel senil ao jovem, viril ao menino;
sempre se cose o melhor caráter da idade adequada.
   Ou se atua em cena ou os atos são relatados.
Toca mais fraco nos ânimos tudo que chega aos ouvidos   180
do que aquilo que serve aos olhos fiéis e que o próprio
público pega sozinho. No entanto não mostre no palco

digna geri promes in scaenam, multaque tolles
ex oculis quae mox narret facundia praesens.
Ne pueros coram populo Medea trucidet   185
aut humana palam coquat exta nefarius Atreus
aut in auem Procne uertatur, Cadmus in anguem.
Quodcumque ostendis mihi sic, incredulus odi.
   Neue minor neu sit quinto productior actu
fabula, quae posci uult et spectanda reposci;   190
nec deus intersit, nisi dignus uindice nodus
inciderit; nec quarta loqui persona laboret.
   Actoris partis chorus officiumque uirile
defendat; neu quid medios intercinat actus
quod non proposito conducat et haereat apte.   195
Ille bonis faueatque et consilietur amice
et regat iratos et amet peccare timentis;
ille dapes laudet mensae breuis, ille salubrem
iustitiam legesque et apertis otia portis;
ille tegat commissa deosque precetur et oret,   200
ut redeat miseris, abeat Fortuna superbis.
   Tibia non, ut nunc orichalco uincta tubaeque
aemula, sed tenuis simplexque foramine pauco
aspirare et adesse choris erat utilis atque
nondum spissa nimis complere sedilia flatu;   205
quo sane populus numerabilis, utpote paruus,
et frugi castusque uerecundusque coibat.
Postquam coepit agros extendere uictor et urbem
latior amplecti murus uinoque diurno
placari Genius festis impune diebus,   210
accessit numerisque modisque licentia maior.
Indoctus quid enim saperet liberque laborum
rusticus urbano confusus, turpis honesto?
Sic priscae motumque et luxuriam addidit arti

cenas cabíveis num bom bastidor e tire dos olhos
tudo que a própria eloquência pouco depois apresenta.
Que Medeia nunca mate os filhos na cara do povo, 185
nem o perverso Atreu cozinhe entranhas humanas,
nem se transforme Procne em pássaro, Cadmo em cobra.
Se você me mostrar uma dessas, incrédulo odeio.
    Nunca encurte, nunca alongue os cinco atos da peça
que deseja ser clamada com nova montagem; 190
não intervenha um deus, a não ser que a trama demande
quem a libere, nem fale a quarta pessoa no palco.
    Cumpra o coro o papel de ator específico em cena,
nunca deve se pôr a cantar no meio dos atos
coisa que não condiz nem conduz ao cerne da peça. 195
Que ele auxilie os bons, aconselhe sempre amigável,
reja os raivosos e ame aqueles que temem os erros;
que ele louve os pratos da mesa breve, a justiça
mais salutar, as leis e o ócio de portas abertas;
que ele recubra segredos, que aos deuses peça e suplique 200
pra que a Fortuna retorne aos coitados e fuja aos soberbos.
    Antes a tíbia, rival da trombeta, não tinha oricalco,
mas singela e fina, de poucos furos dotada,
mais servia para afinar e entoarem o coro,
para encher com sopro os assentos esparsos ainda, 205
onde o povo, parco que era, contável nos dedos,
vinha todo juntar-se, casto, frugal, respeitoso.
Só depois que varão vencedor ampliou os seus campos,
dando muro mais amplo à cidade, com vinho diurno
para impune aplacar o Gênio nos dias festivos, 210
veio também a licença maior nos modos e metros.
Pois que gosto teria o tosco desocupado,
rústico junto ao urbano, vil ao nobre mesclado?
Foi assim que à velha arte gingado e lascívia

tibicen traxitque uagus per pulpita uestem; 215
sic etiam fidibus uoces creuere seueris
et tulit eloquium insolitum facundia praeceps
utiliumque sagax rerum et diuina futuri
sortilegis non discrepuit sententia Delphis.
    Carmine qui tragico uilem certauit ob hircum, 220
mox etiam agrestis Satyros nudauit et asper
incolumi grauitate iocum temptauit eo quod
illecebris erat et grata nouitate morandus
spectator functusque sacris et potus et exlex.
Verum ita risores, ita commendare dicaces 225
conueniet Satyros, ita uertere seria ludo,
ne quicumque deus, quicumque adhibebitur heros,
regali conspectus in auro nuper et ostro,
migret in obscuras humili sermone tabernas
aut, dum uitat humum, nubis et inania captet. 230
Effutire leuis indigna tragoedia uersus,
ut festis matrona moueri iussa diebus,
intererit Satyris paulum pudibunda proteruis.
Non ego inornata et dominantia nomina solum
uerbaque, Pisones, Satyrorum scriptor amabo; 235
nec sic enitar tragico differre colori
ut nihil intersit Dauusne loquatur et audax
Pythias emuncto lucrata Simone talentum,
an custos famulusque dei Silenus alumni.
    Ex noto fictum carmen sequar, ut sibi quiuis 240
speret idem, sudet multum frustraque laboret
ausus idem: tantum series iuncturaque pollet,
tantum de medio sumptis accedit honoris.
Siluis deducti caueant, me iudice, Fauni
ne uelut innati triuiis ac paene forenses 245
aut nimium teneris iuuenentur uersibus umquam

um tibicino importou arrastando as roupas no palco;   215
foi assim que cresceram as vozes nas cordas severas
e uma eloquência afobada criou a insólita fala,
logo a sentença sagaz na prática e forte adivinha
do futuro não destoava do oráculo em Delfos.
    Quem disputou por bode vil em trágico canto   220
logo também desnudou os Sátiros rudes e brutos
jogos tentou mantendo o tom sério: que assim o auditório
fosse ao fim seduzido por graça da tal novidade,
bêbado, longe das leis, depois de fazer sacrifícios.
Nisso deve convir louvar zombeteiros, mordazes   225
Sátiros, convertendo o sério em maior brincadeira;
seja lá qual for o deus, o herói invocado,
visto há pouco vestido em régia púrpura e ouro,
não migraria em conversa baixa a toscas tabernas,
nem evitando o chão acharia vazios e nuvens.   230
Pois a tragédia jamais tagarela em versos levinhos:
feito a matrona forçada a dançar em dias festivos,
segue um tanto pudica entre Sátiros sempre safados.
Não apenas nome próprio e palavra direta
como escritor de satíricos, caros Pisões, eu procuro;   235
não me esforço também por fugir de trágicas cores,
para apagar diferença entre Davo e aquela atrevida
Pítias, que lucra moeda tungando tudo de Símon,
ou Sileno, servo e tutor do aluno divino.
    Do conhecido forjado canto faço, e quem busca   240
vir me igualar, trabalha e ousa em muitos suores
sem se igualar; pois tal é o poder de costura e entrelace,
tal é o poder de glória que vem do falar mediano.
Julgo que os Faunos que vêm da floresta devem guardar-se
para não parecerem forenses nascidos na esquina   245
nem os que posam de jovens com versos suaves no excesso,

aut immunda crepent ignominiosaque dicta.
Offenduntur enim, quibus est equus et pater et res,
nec, si quid fricti ciceris probat et nucis emptor,
aequis accipiunt animis donantue corona.   250
    Syllaba longa breui subiecta uocatur iambus,
pes citus; unde etiam trimetris adcrescere iussum
nomen iambeis, cum senos redderet ictus
primus ad extremum similis sibi; †non ita pridem†
tardior ut paulo grauiorque ueniret ad auris,   255
spondeos stabilis in iura paterna recepit
commodus et patiens, non ut de sede secunda
cederet aut quarta socialiter. Hic et in Acci
nobilibus trimetris adparet rarus et Enni
in scaenam missos cum magno pondere uersus   260
aut operae celeris nimium curaque carentis
aut ignoratae premit artis crimine turpi.
    Non quiuis uidet immodulata poemata iudex
et data Romanis uenia est indigna poetis.
Idcircone uager scribamque licenter? An omnis   265
uisuros peccata putem mea, tutus et intra
spem ueniae cautus? Vitaui denique culpam,
non laudem merui. Vos exemplaria Graeca
nocturna uersate manu, uersate diurna.
At uestri proaui Plautinos et numeros et   270
laudauere sales, nimium patienter utrumque,
ne dicam stulte, mirati, si modo ego et uos
scimus inurbanum lepido seponere dicto
legitimumque sonum digitis callemus et aure.
    Ignotum tragicae genus inuenisse Camenae   275
dicitur et plaustris uexisse poemata Thespis
quae canerent agerentque peruncti faecibus ora.
Post hunc personae pallaeque repertor honestae

nem berrarem aquelas imundas palavras de infâmia;
pois ofendem quem tem cavalo, pai, patrimônio:
se o comprador de grãos-de-bico e nozes aprova,
outros não virão serenos lhe dar a coroa. 250
Sílaba longa após a breve chama-se iambo,
pé veloz, daí que por fim lhe deram o nome
trímetro iâmbico, mesmo que seis batidas ressoem,
sempre igual a si, do começo ao fim; †sem demora†,
para chegar um pouco mais grave e lento aos ouvidos, 255
cômodo e calmo aceitou nas velhas regras paternas
firme espondeu, porém não lhe cede em tal parceria
as posições segunda e quarta. E raro aparece
junto aos nobres trímetros de Ácio, mas enche de falta
tantos desses graves versos cênicos de Ênio: 260
seja por culpa da pressa ou então por descuido completo,
seja por falta de arte, redunda em crime asqueroso.
    Poucos juízes reparam que é um poema incantável,
deram esse perdão indigno aos poetas romanos.
Vou então escrever à toa e sem lei? Ou acaso 265
devo pensar que todos verão meus erros, seguro
quanto à *data venia*? Ao fim, se escapei da censura,
glória não mereci. Vocês devem versar os modelos
gregos com mão noturna, devem versar com diurna.
Mas os seus avós louvaram os metros plautinos 270
junto às piadas, pasmos diante de tudo, indulgentes,
pra não dizer estúpidos, se eu e vocês já sabemos
bem separar um dito grosseiro da fala charmosa,
nós discernimos o som regrado com dedos e ouvidos.
    Dizem que Téspis o gênero novo inventou da Camena 275
trágica para então transportar em carroça os poemas
que os atores cantavam com cara borrada de vinho.
Logo depois, inventor da nobre máscara e pálio,

Aeschylus et modicis instrauit pulpita tignis
et docuit magnumque loqui nitique cothurno. 280
Successit uetus his comoedia, non sine multa
laude; sed in uitium libertas excidit et uim
dignam lege regi; lex est accepta chorusque
turpiter obticuit sublato iure nocendi.
    Nil intemptatum nostri liquere poetae, 285
nec minimum meruere decus uestigia Graeca
ausi deserere et celebrare domestica facta
uel qui praetextas uel qui docuere togatas.
Nec uirtute foret clarisue potentius armis
quam lingua Latium, si non offenderet unum 290
quemque poetarum limae labor et mora. Vos, o
Pompilius sanguis, carmen reprehendite quod non
multa dies et multa litura coercuit atque
praesectum deciens non castigauit ad unguem.

    Ingenium misera quia fortunatius arte 295
credit et excludit sanos Helicone poetas
Democritus, bona pars non unguis ponere curat,
non barbam, secreta petit loca, balnea uitat.
Nanciscetur enim pretium nomenque poeta
si tribus Anticyris caput insanabile numquam 300
tonsori Licino commiserit. O ego laeuus,
qui purgor bilem sub uerni temporis horam!
Non alius faceret meliora poemata; uerum
nil tanti est. Ergo fungar uice cotis, acutum
reddere quae ferrum ualet exsors ipsa secandi; 305
munus et officium nil scribens ipse docebo,
unde parentur opes, quid alat formetque poetam,
quid deceat, quid non, quo uirtus, quo ferat error.
    Scribendi recte sapere est et principium et fons.

Ésquilo soube estender o palco em módicas vigas,
quando ensinava a fala grandiosa, firme em coturnos. 280
Veio depois a Comédia Velha repleta de loas,
mas a tal liberdade acabou em vício e violência
digna de lei que a regesse; a lei foi aceita e o coro
torpe então se calou do direito que tinha de ofensa.
   Nada ficou intentado na mão dos nossos poetas, 285
nem ficou sem glória quem teve ousadia em deixar os
rastros gregos para louvar a história da pátria,
seja encenando peças pretextas ou as togadas.
Não seria mais poderoso em virtude ou em armas
nosso Lácio do que em língua, se não ofendessem 290
tanto aos poetas o tempo e trabalho de lima. Vocês, ó
sangue Pompílio, censurem todo canto que nunca
toma muitos dias e muitas rasuras, enquanto
não se tiver corrigido dez vezes ao corte das unhas.

   Por confiar que talento é mais do que a mísera arte, 295
velho Demócrito expurga do Hélicon todo poeta
são — e boa parte dos seus descuida de barba
e unhas, procura viver em retiros e banhos evita,
pois assim angaria nome e valor de poeta,
se a cabeça insanável por três Antíciras guarda 300
longe de Lícino, o cabeleireiro. Ah, pobre de mim, que
só nos tempos primaveris me purgo da bile!
Sei que ninguém faria melhores poemas; mas nada
vale tanto. Por isso em mó de faca me faço
para afiar o ferro, mesmo sem força de corte. 305
Dom e dever, se nada escrevo, vou ensiná-los:
donde vêm o recurso, o que nutre e forma um poeta,
como convém, desconvém, a que leva a virtude e o erro.
   Só o saber é fonte e princípio da escrita correta.

Rem tibi Socraticae poterunt ostendere chartae   310
uerbaque prouisam rem non inuita sequentur.
qui didicit patriae quid debeat et quid amicis,
quo sit amore parens, quo frater amandus et hospes,
quod sit conscripti, quod iudicis officium, quae
partes in bellum missi ducis, ille profecto   315
reddere personae scit conuenientia cuique.
Respicere exemplar uitae morumque iubebo
doctum imitatorem et uiuas hinc ducere uoces.
Interdum speciosa locis morataque recte
fabula nullius Veneris, sine pondere et arte,   320
ualdius oblectat populum meliusque moratur
quam uersus inopes rerum nugaeque canorae.
    Grais ingenium, Grais dedit ore rotundo
Musa loqui, praeter laudem nullius auaris.
Romani pueri longis rationibus assem   325
discunt in partis centum diducere. "Dicat
filius Albini: si de quincunce remota est
uncia, quid superat? Poteras dixisse." "Triens." "Eu!
Rem poteris seruare tuam. Redit uncia: quid fit?"
"Semis." An, haec animos aerugo et cura peculi   330
cum semel imbuerit, speremus carmina fingi
posse linenda cedro et leui seruanda cupresso?
    Aut prodesse uolunt aut delectare poetae
aut simul et iucunda et idonea dicere uitae.
Quidquid praecipies, esto breuis, ut cito dicta   335
percipiant animi dociles teneantque fideles.
Omne superuacuum pleno de pectore manat.
Ficta uoluptatis causa sint proxima ueris:
ne quodcumque uelit poscat sibi fabula credi,
neu pransae Lamiae uiuum puerum extrahat aluo.   340
Centuriae seniorum agitant expertia frugis,

Textos socráticos podem servir pra dar um assunto, 310
sem esforço as palavras seguem o assunto previsto.
Quem aprendeu o que deve à pátria e o que deve aos amigos,
qual amor votar aos pais, aos irmãos e acolhidos,
qual o dever do bom senador, do juiz, e que falas
cabem ao grão general enviado à guerra, por certo 315
sabe adequar o que cabe pra toda e qualquer personagem.
Vou mandar que veja modelos de vida e costumes
o imitador versado e dali tire vívidas vozes.
Certas vezes a peça correta e plena de tópoi
bem burilados, privada de Vênus, sem peso e sem arte, 320
pode até divertir o povo e melhor seduzi-lo
do que um verso pobre de assunto e nonadas sonoras.
    Deu talento aos gregos a Musa e fala redonda
deu aos gregos, avaros apenas para louvores;
já os meninos romanos em longas contas aprendem 325
a dividir um asse em partes cem. "Me responda,
filho de Albino: se uma onça for retirada
de outras cinco, o que resta?" "Um terço de asse." "Perfeito!
Sabe gerir os bens. Se acrescento uma onça, o que fica?"
"Meio asse." Quando ferrugem e amor ao pecúlio 330
mancha o espírito, nós esperamos que forje seus cantos
para untar em cedro e guardar no leve cipreste?
    Todo poeta procura dar proveito ou deleite,
ou dizer num só tempo o que é belo e útil na vida.
Seja qual for o preceito, seja breve, pois logo 335
o ânimo dócil apreende fiel e de cor o aprende.
Tudo que é chocho e supérfluo vaza do peito repleto.
Que o prazer do forjado esteja colado à verdade,
nem exija o mito toda crença possível,
não retirem vivo do ventre de Lâmia o menino 340
mal digerido. As centúrias dos velhos censuram o infértil,

celsi praetereunt austera poemata Ramnes.
Omne tulit punctum qui miscuit utile dulci
lectorem delectando pariterque monendo.
Hic meret aera liber Sosiis, hic et mare transit   345
et longum noto scriptori prorogat aeuum.
    Sunt delicta tamen, quibus ignouisse uelimus:
nam neque chorda sonum reddit quem uult manus et mens
[poscentique grauem persaepe remittit acutum]
nec semper feriet quodcumque minabitur arcus.   350
Verum ubi plura nitent in carmine, non ego paucis
offendar maculis, quas aut incuria fudit
aut humana parum cauit natura. Quid ergo est?
Vt scriptor si peccat idem librarius usque,
quamuis est monitus, uenia caret; ut citharoedus   355
ridetur chorda qui semper oberrat eadem:
sic mihi qui multum cessat fit Choerilus ille,
quem bis terue bonum cum risu miror; et idem
indignor quandoque bonus dormitat Homerus;
uerum operi longo fas est obrepere somnum.   360
    Vt pictura poesis: erit quae, si propius stes,
te capiat magis, et quaedam, si longius abstes;
haec amat obscurum, uolet haec sub luce uideri,
iudicis argutum quae non formidat acumen;
haec placuit semel, haec deciens repetita placebit.   365
    O maior iuuenum, quamuis et uoce paterna
fingeris ad rectum et per te sapis, hoc tibi dictum
tolle memor, certis medium et tolerabile rebus
recte concedi. Consultus iuris et actor
causarum mediocris abest uirtute diserti   370
Messallae nec scit quantum Cascellius Aulus,
sed tamen in pretio est: mediocribus esse poetis
non homines, non di, non concessere columnae.

e os orgulhosos ramnenses desprezam poemas austeros.
  Leva todos os votos quem dosa o útil e o doce,
  quando num só gesto deleita e aconselha os leitores.
  Este livro dá grana aos Sósias, este atravessa   345
  mares, preserva por longo prazo o escritor conhecido.
   Há delitos, porém, que por bem também perdoamos:
  cordas não cedem o som que deseja a mão ou a mente,
  [quando se pede um grave amiúde ecoa um agudo,]
  o arco nem sempre fere tudo quanto ameaça.   350
  Quando muitas coisas brilham no canto, não sinto
  mal algum em parcas máculas pelo descuido
  ou por desatenção humana. Qual o problema?
  Como o copista que erra sempre no mesmo detalhe,
  mesmo avisado, perde o perdão, e como escarnecem   355
  do citaredo que sempre na mesma corda se engana;
  penso que vira um Quérilo quem relaxa em excesso,
  que com riso admiro nas duas, três vezes que acerta,
  sempre me irrito se noto que o bom Homero cochila;
  deuses concedem, nas obras longas, um sono furtivo.   360
   Feito pintura, a poesia: pois uma vista de perto
  mais nos cativa, e outra é melhor se vista de longe;
  esta adora o escuro, aquela nas luzes se mostra,
  pois não teme o aguilhão agudo de quem a critica;
  esta agradou na primeira, aquela, dez vezes seguidas.   365
   Ah, irmão mais velho, embora forjado correto
  pela voz paterna e a própria, lembre-se sempre
  disto que digo: apenas certos assuntos permitem
  ser mediano. O jurisconsulto e o advogado
  mais medíocres nos casos, sem falas de um grande Messala, 370
  sem aquele profundo saber de um Aulo Cascélio,
  têm ainda valor; porém nem homens, nem deuses,
  nem as colunas de livros toleram poeta medíocre.

    Vt gratas inter mensas symphonia discors
et crassum unguentum et Sardo cum melle papauer   375
offendunt, poterat duci quia cena sine istis,
sic animis natum inuentumque poema iuuandis,
si paulum summo decessit, uergit ad imum.
    Ludere qui nescit, campestribus abstinet armis
indoctusque pilae disciue trochiue quiescit,   380
ne spissae risum tollant impune coronae:
qui nescit uersus, tamen audet fingere. Quidni?
Liber et ingenuus, praesertim census equestrem
summam nummorum uitioque remotus ab omni.
    Tu nihil inuita dices faciesue Minerua;   385
id tibi iudicium est, ea mens. Si quid tamen olim
scripseris, in Maeci descendat iudicis auris
et patris et nostras nonumque prematur in annum
membranis intus positis: delere licebit,
quod non edideris, nescit uox missa reuerti.   390
    Siluestris homines sacer interpresque deorum
caedibus et uictu foedo deterruit Orpheus,
dictus ob hoc lenire tigris rabidosque leones;
dictus et Amphion, Thebanae conditor urbis,
saxa mouere sono testudinis et prece blanda   395
ducere quo uellet. Fuit haec sapientia quondam,
publica priuatis secernere, sacra profanis,
concubitu prohibere uago, dare iura maritis,
oppida moliri, leges incidere ligno.
Sic honor et nomen diuinis uatibus atque   400
carminibus uenit. Post hos insignis Homerus
Tyrtaeusque mares animos in Martia bella
uersibus exacuit; dictae per carmina sortes
et uitae monstrata uia est et gratia regum
Pieriis temptata modis ludusque repertus   405

Qual dissonante concerto no meio de mesas alegres,
feito perfume horrendo e papoula com mel da Sardenha   375
sempre irritam, porque o jantar passaria sem eles;
eis que o poema nascido e inventado pra ser agradável,
se decair um pouquinho do zênite, pende pro reles.
    Quem não sabe jogar se abstém das armas no Campo,
quem não domina bola ou disco ou troco se aquieta,   380
para que densos grupos não soltem risadas impunes.
Quem não sabe ousou forjar uns versos: procede?
Ele é livre, nobre e marcado equestre no censo
pela soma da grana, distante de todos os vícios.
    Nada se fala ou se faz sem ter aval de Minerva;   385
eis a ideia e o juízo pra pôr na cabeça. Contudo,
caso você escreva, que chegue aos ouvidos de Mécio,
aos do teu pai e aos nossos; por nove anos o encerre
com pergaminhos guardados, pois destruir é possível
quando não se publica: a voz lançada não volta.   390
    Sacerdote e intérprete aos deuses, Orfeu afastara
homens silvestres da imunda dieta e carnificina,
nisso se diz que amansou leões ferozes e tigres;
diz-se também que Anfíon, feitor da cidade de Tebas,
rochas movera ao som da testude e em prece suave   395
todas guiava. E era o saber do passado,
que discerne privado e público, sacro e profano,
que proíbe sexo à toa, legisla casórios,
que ergue também cidadelas, inscreve leis na madeira.
Foi assim que veio a honra e renome aos divinos   400
vates e cantos. Depois chegou o célebre Homero,
veio Tirteu incitar com versos às guerras de Marte
o ânimo mais viril, nos cantos disseram as sortes,
revelou-se a via da vida e a régia bondade
foi buscada em modos piérios, e achados os jogos   405

et longorum operum finis, ne forte pudori
sit tibi Musa lyrae sollers et cantor Apollo.
 Natura fieret laudabile carmen an arte,
quaesitum est. Ego nec studium sine diuite uena
nec rude quid prosit uideo ingenium: alterius sic   410
altera poscit opem res et coniurat amice.
Qui studet optatam cursu contingere metam,
multa tulit fecitque puer, sudauit et alsit,
abstinuit Venere et uino; qui Pythia cantat
tibicen, didicit prius extimuitque magistrum.   415
Nec satis est dixisse "Ego mira poemata pango.
Occupet extremum scabies; mihi turpe relinqui est
et quod non didici sane nescire fateri."
 Vt praeco, ad merces turbam qui cogit emendas,
assentatores iubet ad lucrum ire poeta   420
diues agris, diues positis in fenore nummis.
Si uero est, unctum qui recte ponere possit
et spondere leui pro paupere et eripere artis
litibus implicitum, mirabor, si sciet inter-
noscere mendacem uerumque beatus amicum.   425
Tu seu donaris seu quid donare uoles cui,
nolito ad uersus tibi factos ducere plenum
laetitiae: clamabit enim "Pulchre! Bene! Recte!",
pallescet super his, etiam stillabit amicis
ex oculis rorem, saliet, tundet pede terram.   430
Vt qui conducti plorant in funere dicunt
et faciunt prope plura dolentibus ex animo, sic
derisor uero plus laudatore mouetur.
Reges dicuntur multis urgere culillis
et torquere mero, quem perspexisse laborent,   435
an sit amicitia dignus: si carmina condes,
numquam te fallent animi sub uulpe latentes.

cênicos junto ao fim dos longos trabalhos: não tenha
mais pudor da Musa lirista e de Apolo canoro.
    Se é natureza que dá louvor ao canto ou se é arte,
eis a questão. Eu penso que empenho sem riqueza na veia
ou talento bronco de nada serve; pois este   410
pede apoio àquele em conjuração amigável.
Quem se empenha por alcançar a meta almejada
muito sofria desde menino, suando e gelando,
sempre abstêmio de Vênus e vinho; se algum tibicino
canta nos Jogos Pítios, primeiro aprendeu com seu mestre. 415
Não satisfaz dizer: "Componho poemas incríveis;
quero que a sarna assanhe o último; e sinto vergonha
quando fico pra trás ou confesso o que nunca aprendera."
    Qual pregoeiro que junta um bando a comprar os produtos,
um poeta reúne bajuladores por lucro,   420
rico em terras, rico em moedas que em juros investe.
Se puder servir uma ceia correta e das fartas,
ser fiador de um pobre lisinho e tirar de litígios
lúgubres quem se afundou, irei me espantar se feliz di-
fere mesmo o falso amigo do amigo sincero.   425
Se você quiser receber ou ceder um presente,
não insista em trazer aos versos o homem repleto
pela alegria, pois grita: "Lindo! Fino! Correto!",
logo pálido está, destilando orvalho dos olhos
tão amigos, pula e bate os pés sobre a terra.   430
Como os que ganham por choro em exéquias falam e fazem
muito mais do que aqueles que sofrem de fato por dentro,
puxa-sacos se afetam mais que os bons louvadores.
Dizem que reis coagem cercando de muitas tacinhas
para extorquir com vinho quando investigam a fundo   435
quem merece amizade; você, se prepara algum canto,
nunca se engane por homens ocultos sob a raposa.

    Quintilio si quid recitares, "Corrige sodes
hoc" aiebat "et hoc." Melius te posse negares,
bis terque expertum frustra delere iubebat 440
et male tornatos incudi reddere uersus.
Si defendere delictum quam uertere malles,
nullum ultra uerbum aut operam insumebat inanem,
quin sine riuali teque et tua solus amares.
Vir bonus et prudens uersus reprehendet inertis, 445
culpabit duros, incomptis allinet atrum
transuerso calamo signum, ambitiosa recidet
ornamenta, parum claris lucem dare coget,
arguet ambigue dictum, mutanda notabit,
fiet Aristarchus; nec dicet "Cur ego amicum 450
offendam in nugis?" Hae nugae seria ducent
in mala derisum semel exceptumque sinistre.
    Vt mala quem scabies aut morbus regius urget
aut fanaticus error et iracunda Diana,
uesanum tetigisse timent fugiuntque poetam 455
qui sapiunt; agitant pueri incautique sequuntur.
Hic, dum sublimis uersus ructatur et errat,
si ueluti merulis intentus decidit auceps
in puteum foueamue, licet "Succurrite" longum
clamet, "io ciues!", non sit qui tollere curet. 460
si curet quis opem ferre et demittere funem,
"Qui scis, an prudens huc se proiecerit atque
seruari nolit?" dicam, Siculique poetae
narrabo interitum. Deus immortalis haberi
dum cupit Empedocles, ardentem frigidus Aetnam 465
insiluit. Sit ius liceatque perire poetis;
inuitum qui seruat, idem facit occidenti.
Nec semel hoc fecit nec, si retractus erit, iam
fiet homo et ponet famosae mortis amorem.

    Se você recitasse a Quintílio, dizia: "Corrija
isto e aquilo"; se acaso você negasse a melhora,
duas ou três tentativas depois, mandava apagá-los   440
ou voltar à bigorna os versos mal torneados.
Se você persistisse em delito em vez de acertá-lo,
não gastaria mais uma palavra no inútil esforço
para impedir que sem rival só amasse a si próprio.
O homem bom e prudente repreende versos sem arte,   445
risca os duros, passa linha negra nos mancos
com transverso cálamo, corta ornamentos pomposos,
busca dar mais luz aos menos claros, questiona
cada dito ambíguo, marca o que deve mudar-se,
vira Aristarco e não diz: "Por que ofender um amigo   450
por chorumelas?" Tais chorumelas levam a sérios
males quem foi uma vez zombado e desmerecido.
    Feito aquele que sofre de sarna ou de régia doença
ou de delírio fanático ou de irascível Diana,
quem é sensato receia e evita tocar o poeta   455
louco; crianças o atiçam e incautos o seguem.
Quando versos sublimes arrota nas suas errâncias,
feito um passarinheiro que atento aos melros um dia
cai num poço ou fosso, pode esganar-se, "Socorro,
concidadãos!": ninguém se preocupa em prestar uma ajuda.   460
Mas se alguém se preocupa em dar a mão ou a corda,
"Quem é que sabe se não desceu ali por vontade,
sem querer ser salvo?", diria: assim é que narro
como enterrou-se o poeta sículo. Empédocles quis ser
tido por deus imortal e frio pulou no fervente   465
Etna. Façam justiça! Que possam morrer os poetas;
ao salvar quem recusa, você parece assassino.
Esta não é a primeira vez, nem, se for retirado,
vira humano e deixa de amor pela morte famosa.

Nec satis apparet cur uersus factitet, utrum　　　470
minxerit in patrios cineres an triste bidental
mouerit incestus: certe furit ac uelut ursus,
obiectos caueae ualuit si frangere clathros,
indoctum doctumque fugat recitator acerbus.
Quem uero arripuit, tenet occiditque legendo,　　475
non missura cutem nisi plena cruoris hirudo.

Nem sabemos a causa de tantos versos, quem sabe 470
se ele mijou nas cinzas paternas, pisou inda impuro
num bidental funesto; por certo pirou e igual urso
quando rompe a grade posta à frente da jaula
nosso recitador afugenta cultos e incultos.
Quem ele agarra, de fato prende e mata em leituras: 475
sanguessuga só larga a pele se farto de sangue.

Notas

vv. 1-5: Horácio começa o poema de modo absolutamente abrupto, seguindo a própria ideia que ele virá a apresentar mais tarde de começar pelo "meio das coisas" (*in medias res*, v. 148). Mais singular ainda, a obra se iniciar construindo uma imagem verso a verso, cada vez mais estranha (por exemplo, só nos damos conta de que a cabeça do primeiro verso é feminina no v. 4), que retoma os centauros e sereias (cp. Cila e Tritão na *Eneida*, 3.426-8 e 10-210-11), para então convocar ao riso os leitores – identificados apenas no verso seguinte. O riso não vem do simples fato de se descrever um monstro, até porque a poesia homérica já apresentava diversos exemplos tradicionais e por isso aceitos, o mesmo vale para as artes plásticas. Horácio na verdade cria um ser ainda mais absurdo e sem precedente; temos então um problema não apenas do híbrido, mas de sua relação com a cultura, ou seja, sua verossimilhança (τὸ εἰκός) para determinado contexto poético. Ao mesmo tempo, o poeta pode fazer um experimento sobre variabilidade, lançando ao leitor uma vertigem que vai se estender ao longo dos primeiros quarenta e um versos, enquanto discute unidade. Paradoxalmente, a metalinguagem cômica dessa abertura permite ao poeta fazer aquilo que ele mesmo critica. Quintiliano (*Instituição oratória*, 8.3.59-60) comenta a mesma passagem como exemplo de sardismo (Σαρδισμός), o discurso com inúmeras misturas. De qualquer modo, a comparação da pintura com a poesia, que retornará algumas vezes ao longo da obra, era tradicional, e aparece também com frequência na *Poética* de Aristóteles (1 1447a, 2 1448a, 15 1454a e 25 1460b, ἔστι μιμητὴς ὁ ποιητής, ὥσπερ ἂν εἰ ζωγράφος ἤ τις ἄλλος εὀκονοποιος, "o poeta é imitador, como o pintor ou qualquer artista plástico").

A ideia de ser chamado para ver a mostra (*spectatum admissi*), como bem observa Cândido Lusitano, "alude ao costume dos pintores e escultores de seu tempo, que tanto que acabavam alguma pintura ou estátua, publicavam o dia em que a haviam posto em público, para que os convidados lhes apontassem os defeitos; é similar à prática da *recitatio* para poesia" (cf. nota ao v. 438).

vv. 6-7: Sobre os Pisões, cf. texto introdutório ao poema. Horácio dá início à primeira comparação entre pintura e poesia, aproximando os modos de composição; a partir daí, a composição desastrada (ou demasiado ousada) se aproxima também do sonho delirante, assunto que retornará ao longo da obra que finalizará o poema com a imagem do poeta louco. O termo latino *species* (que traduzi por "formas"), segundo Brink, designaria – como o grego εἴδος em Aristóteles – os elementos constitutivos de uma obra escrita, como a tragédia, assim como as partes da pintura.

vv. 7-8: Horácio usará nove vezes ao longo da *Arte poética* a metáfora do verbo *fingo* e de seus particípios perfeitos (*fictus, -a, -um*). Essa metáfora é derivada da arte de moldar o barro para jarras e copos, ou mesmo para a escultura, e dialoga com πλάσμα em grego. É dela que vem nosso termo moderno "ficção"; no entanto, eu não quis fazer uma aproximação direta, por julgar que haja aí diferenças importantes; por isso, na falta de um termo comum para o molde do barro, e por julgar que o termo "moldar" não daria conta dos usos horacianos, recorri ao verbo "forjar", ligado à prática similar, porém no ferro.

v. 8: A expressão "sem pé nem cabeça" deriva já de Plauto (*Asinaria*, 729), onde lemos *nec caput nec pes sermoni apparet*. O resultado é a busca para ter *uni formae* ("uma só figura"), que retoma a ideia aristotélica de unidade e da imagem da obra como ser orgânico, que encontramos já em Platão (*Fedro*, 364c): "não sem cabeça nem pé, mas com meio e bordas notavelmente escritas nas partes com o todo" (ὥστε μήτε ἀκέφαλον εἶναι μήτε ἄπουν, ἀλλὰ μέσα τε ἔχειν καὶ ἄκρα, πρέποντα ἀλλήλοις καὶ τῷ ὅλῳ γεγραμμένα). Essa comparação tradicional ainda aparecerá, muito depois, em Evâncio (*De fabula*, 4.5), ao sugerir que "pareça composto como um único corpo" (*uno corpore uideatur esse compositum*).

vv. 9-13: Na forma de contra-argumento, Horácio nos lembra da liberdade poética (*poetica licentia* ou ποιητικὴ ἐξουσία) também concedida aos pintores, afinal a mimese não é mera representação hiper-realista da vida; Luciano posteriormente dirá que se trata de um adágio (*Em defesa das imagens*, 18). Esse tipo de intervenção de outras vozes supostas é muito típica da poesia satírica romana e das *Sátiras* de Horácio. Diante da questão, temos a típica ironia horaciana, que termina com os limites da mistura em exemplos da natureza, com animais que não apenas não se misturam no espaço como também não podem ter descendentes em comum, usando imagens tradicionais de ἀδύνατα (impossibilidades). A ambiguidade de dar e pedir a licença mostra como o poeta aqui ocupará ao mesmo tempo o papel de poeta (pedir) e crítico (dar), além de talvez estabelecer um modelo de reciprocidade no mundo dos poetas-críticos.

vv. 14-23: O primeiro exemplo mais concreto no poema mostra o descompasso entre a abertura de uma obra e seu conteúdo ou desenvolvimento. Para tentar dar grandiosidade, Horácio afirma que muitos poetas fazem remendos de púrpura para cenas de lugares comuns de descrições que demandariam um tom mais sóbrio, já que, por exemplo, a cena é campestre para fazer jus a Diana, deusa virgem caçadora. É importante lembrar que esse tipo de exercício retórico (écfrases) era comum na época, como podemos ver na fala de Papírio Fabiano em Sêneca, o Velho (*Controvérsias*, 2.1.13). O modelo de empolação aqui criticado costuma ser comparado ao que conhecemos da *Tebaida* do poeta grego Antímaco de Colofão (séc. III a.C.). Segundo Rostagni, a cena do bosque de Diana poderia ser uma piada com a obra de Cornélio Severo, e a descrição do Reno com os *Anais da guerra da Gália* de Fúrio Bibáculo, já zombado em *Sátiras*, 1.10 e 2.5; os dois eram contemporâneos de Horácio, porém conhecemos muito pouco das obras para ter certeza dessa relação direta.

O segundo exemplo de descompasso retoma a história narrada pelos escoliastas antigos de um pintor que só sabia pintar ciprestes (árvore funerária); quando um dia um marujo lhe pediu para que pintasse o naufrágio de que sobrevivera, para ofertar como ex-voto por sua salvação, aquele teria perguntado se não queria também algum cipreste no quadro, daí se originaria um provérbio grego: μή τι καὶ κυπάρισσον θέλεις ("mas não quer um cipreste?"). Assim, temos o disparate entre a habilidade específica e a construção de uma obra unitária.

O último exemplo trata do oleiro incapaz de terminar a peça planejada (no original, seria projetada ânfora e termina no *urceus* um vaso curto sem pescoço; por isso optei pela oposição vaso e pote). Ao fim da série chegamos à dupla regra inicial: *simplex dumtaxat et unum*, ou seja, a obra deve ter simplicidade (ou seja, sem misturas) e unidade na totalidade; uma vez que essas regras estejam cumpridas, começa a licença poética e pictórica; ideia similar aparece em Aristóteles (*Poética*, 6 e 7

1450b e ss.: ἕν καὶ ὅλον, τέλειον καὶ ὅλον) e do que conhecemos de Neoptólemo de Pário.

vv. 24-31: Horácio aqui lista os erros possíveis de cada projeto artístico: o breve se torna obscuro, o leve se torna fraco, o grandioso fica empolado, o baixo termina rastejando, o variado acaba inconsistente. O grande desafio parece ser conseguir a força da variedade sem perder unidade. "A forma mais certa" traduz *specie recti*, que indica algo como a "aparência do que seria correto"; nesse sentido, podemos entender que a aparência das virtudes artísticas não explicita a dificuldade de como conseguir alcançá-las na prática; essas aparências finais são portanto enganadoras, e apenas a arte (ou seja, a habilidade técnica) pode evitar esses vícios. É o que vemos como *cacozelon* em Quintiliano (*Instituição oratória*, 8.3.56). O resultado possível é procurar a justa medida no meio-termo (μεσότης aristotélica, Ética a Nicômaco, 1106b; mas também a *aurea mediocritas* que já lemos nas *Odes*, 2.10.5), como vemos já nas *Sátiras*, 1.1.160-7: *est modus in rebus, sunt certi denique fines / quos ultra citraque nequit consistere rectum* ("há medida pra tudo e há um limite preciso, / certo é não passar aquém e além da divisa"). É de se notar como o último verso dessa sequência mostra a agilidade de Horácio: se ele começa com a busca pelo que parece certo, termina com a imagem da fuga do que poderia levar a críticas.

v. 24: À primeira vista, não há por que ver no vocativo mais do que uma apóstrofe aos Pisões. No entanto, nas notas de Cândido Lusitano, leio que Du-Hamel teria proposto ler o *pater* como Ênio, no papel de pai dos poetas latinos, e os *iuuenes patre digni* como o poetas descendentes dessa linhagem, portanto os contemporâneos de Horácio. O próprio Cândido Lusitano recusa essa leitura; porém considero a ambiguidade extremamente feliz neste momento em que Horácio também se inclui na lista, instabilizando o vocativo, que poderia simultaneamente ser lido como um aposto do *nos* (nós).

vv. 32-7: A escola Emília, segundo os escoliastas, seria voltada para a formação de gladiadores e administrada por um certo Emílio Lépido; talvez ficasse próxima do Circo Máximo, se acreditarmos no que dizia Cruquius, professor em Bruges, quando teve acesso a manuscritos que se perderam em 1566. *Exprimere* ("expressa") e *imitari* ("imita") são verbos técnicos da criação artística: *exprimere* guarda a ideia de espremer pra fora o conteúdo de uma obra, como na escultura. Com esse escultor anônimo e incapaz de fazer um todo, Horácio retorna à própria escrita, em movimento constante. Para compreender bem a imagem do último verso, é preciso levar em consideração que olhos e cabelos negros eram o padrão de beleza em Roma nesse período (1.32.9, descrevendo Lico, e também Catulo, 41), por oposição à deformidade do nariz; assim Horácio descreve que não adianta, numa obra, beleza apenas em algumas partes, mas sim no todo.

v. 32: Sigo a leitura *imus* da maioria dos códices e dos editores, em vez de *unus*, presente nos manuscritos ς οχ, e incorporada por Shackleton Bailey.

vv. 38-41: A proposta que encerra a abertura do poema é procurar em primeiro lugar adequar a obra às próprias capacidades. Nisso parece retomar o adágio de Catão: *rem tene, uerba sequuntur* ("detenha o assunto, que as palavras se seguem"). Se isso acontecer é possível conseguir a *facundia* (fluência/eloquência, a λέξις grega) e *ordo* (τάξις) com uma justa grandeza (μέγεθος). Sobre a possível leitura para *lucidus ordo* ("lúcida ordem") cf. minha tese de doutorado (Flores, 2014), mas é possível compreender que ela está ligada com a noção de *dispositio* (διάθεσις) na oratória, porém também à organização da frase e mesmo dos trechos.

Traduzo *potenter* por "controlado" por entender que o termo dá conta da ideia de alguém que detém autocontrole (por oposição ao descontrolado *impotenter*) e moderação na própria escolha.

v. 38: É fundamental observar a preponderância da escrita na *Arte poética*, bem como nas *Sátiras* e nas *Epístolas*, por oposição ao domínio da voz e da música em *Odes* e *Epodos*.

vv. 42-5: Aqui começaria a discussão sobre o poema (ποίημα na terminologia de Neoptólemo de Pário), ou seja, mais voltado para a composição do verso e das partes. Horácio, agora firme na obra escrita, propõe que é a ordenação da obra, o que se dizer no momento certo, que garante sua lucidez; há portanto uma arte em macro e microescala para manter o leitor atento, que se contrapõe ao modelo chapado dos poetas cíclicos (cf. nota a 136-52). É interessante tentar ler toda a obra horaciana sob esse argumento, como tentei fazer nas *Odes*; mas também vale a pena analisar a *Arte poética* sob a lógica dos adiamentos e omissões. Vênus em caixa baixa é tradução de *uenus*, o poder de sedução da obra; representa a potência feminina por oposição a *uirtus*, que, por ser a virtude/virilidade do homem, verti como "vigor".

vv. 46-8: Analisei longamente o problema aqui exposto em minha tese de doutorado. Em resumo, embora muitos estudiosos, pelo menos desde Dacier, entendam que aqui Horácio trataria da criação de neologismos, eu diria que o entrelace de palavras (*uerbis serendis*) indicaria a escolha (*delectus uerborum*, ἐκλογὴ ὀνομάτων) e disposição dos termos na frase (*uerba continuata* ou *coniuncta*, σύνθεσις ὀνομάτων), independente de sua relação sintática; ao passo que a costura sagaz (*callida iunctura*) seria a invocação feita pela conexão sintática entre duas palavras aparentemente díspares de modo similar à noção de logopeia em Ezra Pound, o que se faz na própria construção do trecho, que entrelaça as palavras e ainda produz um conceito novo de costura sagaz. Para além disso, é fundamental notar que Horácio passa abruptamente da análise da organização da obra como um todo para a discussão frasal, dando a entender que tudo se dá como que num fractal.

Minha tradução da *callida iunctura* passou por diversas fases ao longo dos anos; penso que a noção de "costura sagaz" é a mais feliz para recriar a inovação conectiva dos termos comuns, algo ainda sem nomenclatura técnica na retórica; é sua costura feita por Horácio que possibilita a expansão como conceito da poética. Por um lado, *callidus* indica astúcia, malandragem, sagacidade de um indivíduo, o que me fez optar por "sagaz" tanto pela sonoridade quanto pela imagem positiva. Por outro, *iunctura* é qualquer tipo de junção, desde membros do corpo até peças e panos; escolho costura (ideia sugerida por Ana Lemes), ou sutura, porque o termo, além das junções de panos, também serve para descrever encaixes de navios e construções, além de guardar o som em -ura. Tal como na transferência de *fingere* para o campo da forja (cf. nota aos vv. 7-8), penso que a troca da *iunctura* e dos derivados do verbo *iungere* para a costura, apesar do caminho inesperado, é capaz de produzir mais frutos para pensar e recriar procedimentos horacianos.

Tenuis ("tênue") traduz o grego λεπτός, que se vincula à poética helenística de matriz calimaquiana, que primava pelo detalhe bem trabalhado.

vv. 48-53: Aqui, sim, Horácio discute o uso de neologismos, seja por criação do poeta, seja por empréstimo. Elas servem para demonstrar temas mais difíceis ("o segredo das coisas", *abdita rerum*), em geral de origem grega. Rudd, ao comentar a passagem, nos lembra que em Roma havia três modos de criar novas palavras: a) usar um termo romano antigo em novo sentido técnico, como é o caso de *indicia* que aqui designa signos verbais por analogia ao grego σημεῖα; criar nova palavra a partir de uma raiz já existente, como é o caso de *cinctutis* a partir de *cinctus*; e era possível importar uma palavra grega, tal como *amystis* em *Odes*, 1.36.14.

v. 50: Os Cetegos fazem referência a Marco Cornélio Cetego (cf. *Epístolas*, 2.2.117), censor em 209 e cônsul em 204 a.C., responsável por expulsar de Roma Magão, irmão de Aníbal, em 203; veio a morrer em 196 a.C. Como Catão, Cetego representa o melhor da eloquência e é recordado como o mais antigo orador romano a sobreviver por escrito. São descritos como cintudos porque o cinto (*cinctus*) era um modo antiquado de usar a toga romana presa logo abaixo do peito até o joelho; segundo Porfirião, aqui representam os conservadores do presente ou os romanos do passado que nunca viram as novas palavras nos últimos 150 anos (cp. Lucano, *Farsália*, 2.543 e 6.794); há então de modo sutil a noção de uma historicidade da língua e dos modos.

vv. 54-9: Como argumento para autorizar o uso de neologismos, Horácio usa a própria tradição. Se Plauto e Cecílio, além de Ênio e Catão, do período arcaico e celebrados no presente, podiam usar palavras novas, porque Vário e Virgílio, contemporâneos de Horácio, não poderiam? O próprio Horácio também entra na lista de modo discreto, talvez em referência aos experimentos mais radicais presentes nas *Odes*, usando aqui um vocabulário monetário (*acquirere* e *ditauerit*). Na construção do argumento é interessante notar o duplo quiasmo que insere os dois contemporâneos no meio dos dois pares de autores antigos.

Tito Mácio Plauto (*c.* 230 a.C. – *c.* 180 a.C.) foi comediógrafo romano autor de *palliatae* nascido na Úmbria. Em geral os romanos confiavam numa lista de Varrão com as 21 comédias que seriam autênticas, onde vemos uma verdadeira pirotecnia verbal entre invenções e importações linguísticas.

Cecílio Estácio (*c.* 220 a.C. – *c.* 168 a.C.) foi também comediógrafo, autor de *togatae*, das quais conhecemos cerca de 40 títulos. Por seu estilo, Cícero, em *Cartas a Ático*, 7.3.10, o atacava como *malus auctor Latinitatis* ("mau autor da latinidade")

Virgílio (70 – 19 a.C.) dispensa apresentações, mas é bom lembrar que, apesar de sua fama de poeta clássico, representante do bom gosto e da tradição, em sua própria época Virgílio tinha gosto pelo experimentalismo, seja em arcaísmos, neologismos, importações do grego ou combinações ousadas de palavras gerando uma imagem nova.

Lúcio Vário Rufo (*c.* 74 – 14 a.C.) foi poeta épico e trágico; como Virgílio e Horácio, participava do círculo de Mecenas, sendo mencionado em *Sátiras*, 1.5 e 1.10, por exemplo. Após a morte de Virgílio, foi ele e Plócio Tuca quem prepararam a edição da *Eneida*. Temos poucos fragmentos para avaliar sua obra, mas tudo indica que partilhava das ideias horacianas e de parte da estética virgiliana.

Marco Pórcio Catão, o Censor (234 – 149 a.C.), apesar da origem baixa, veio a ser cônsul em 195 a.C.; quando se tornou censor em 184 a.C., ganhou também a fama de austeridade moral que passou a acompanhar seu nome ao longo dos séculos, também como homem que tinha muitas reservas quanto a incorporar palavras gregas.

Quinto Ênio (*c.* 239 – *c.* 169 a.C.) foi um dos poetas mais importantes do período arcaico, introdutor do hexâmetro datílico grego na épica romana, tragediógrafo, escritor de sátiras etc. Sua poética, pelos fragmentos conhecidos, é bastante experimental, trazendo muitas inovações linguísticas. Curiosamente, apesar de nascido na Calábria, quem o trouxe a Roma foi o próprio Catão.

vv. 58-9: A comparação com a cunhagem de moedas se dá porque a cada ano os *triumuiri monetales* ("triúnviros monetais") mudavam as moedas de Roma; a comparação entre linguagem e moedas aparece também em Quintiliano (*Instituição oratória*, 1.6.3): deve-se usar de uma fala plana, como da moeda, que tem forma pública (*utendumque plane sermone, ut nummo, cui publica forma est*).

vv. 60-72: Temos aqui uma dupla comparação; em primeiro lugar entre as folhas e as palavras; depois, entre estas e a própria vida humana (e as obras humanas), que é retomado de Homero (*Ilíada*, 6.146-9), quando Glauco fala a Diomedes:

> οἵη περ φύλλων γενεὴ τοίη δὲ καὶ ἀνδρῶν.
> φύλλα τὰ μέν τ' ἄνεμος χαμάδις χέει, ἄλλα δέ θ' ὕλη
> τηλεθόωσα φύει, ἔαρος δ' ἐπιγίγνεται ὥρη·
> ὣς ἀνδρῶν γενεὴ ἣ μὲν φύει ἣ δ' ἀπολήγει.

> Como a linhagem das folhas é também a dos homens.
> Folhas o vento espalha ao chão, no entanto a floresta
> brota em pleno viço se a primavera retorna,
> É assim a linhagem dos homens: brota e fenece.

E de Mimnermo (frag. 2 West), que já aludia ao trecho homérico:

> ἡμεῖς δ', οἷά τε φύλλα φύει πολυάνθεμος ὥρη
>   <ἔα>ρος, ὅτ' αἶψ' αὐγῇς αὔξεται ἠελίου,
> τοῖς ἴκελοι πήχυιον ἐπὶ χρόνον ἄνθεσιν ἥβης
>   τερπόμεθα, πρὸς θ<εῶ>ν εἰδότες οὔτε κακὸν

οὔτ' ἀγαθόν· Κῆρες δὲ παρεστήκασι μέλαιναι,
   ἡ μὲν ἔχουσα τέλος γήραος ἀργαλέου,
ἡ δ' ἑτέρη θανάτοιο· μίνυνθα δὲ γίνεται ἥβης
   καρπός, ὅσον τ' ἐπὶ γῆν κίδναται ἠέλιος.
αὐτὰρ ἐπὴν δὴ τοῦτο τέλος παραμείψεται ὥρης,
   αὐτίκα δὴ τεθνάναι βέλτιον ἢ βίοτος·
πολλὰ γὰρ ἐν θυμῶι κακὰ γίνεται· ἄλλοτε οἶκος
   τρυχοῦται, πενίης δ' ἔργ' ὀδυνηρὰ πέλει·
ἄλλος δ' αὖ παίδων ἐπιδεύεται, ὧν τε μάλιστα
   ἱμείρων κατὰ γῆς ἔρχεται εἰς Ἀΐδην·
ἄλλος νοῦσον ἔχει θυμοφθόρον· οὐδέ τίς ἐστιν
   ἀνθρώπων ὧι Ζεὺς μὴ κακὰ πολλὰ διδοῖ.

Nós, iguais às folhas que brotam no flórido tempo
   primaveril e depois súbito secam ao sol,
nós também gozamos um ínfimo instante das flores
   da juventude e jamais vamos saber sobre o bem
ou o mal dos deuses. Keres negras nos regem,
   uma rege assim dura velhice por nós,
outra rege a morte; pois é brevíssimo o fruto
   da juventude e vem como nas terras o sol.
Mas depois que por fim se finda e se passa esse tempo,
   vemos que a morte será muito melhor que viver:

pois no peito aparecem males; vemos que uns lares
   já soçobram e vêm vis a miséria, o labor;
outro ainda carece dos filhos que tanto deseja e
   rumo ao Hades se vai para debaixo do chão:
e outro sofre pesares mórbidos: nunca nascera
   o homem feliz a quem Zeus males milhares não deu.

Para compreendê-la melhor é preciso saber que as folhas de várias árvores dos bosques italianos vivem cerca de três anos, por isso apenas as mais velhas caem a cada ano, enquanto as mais novas vicejam. A imagem de que nós e as nossas coisas são devidas à morte vem de Simônides (*Antologia Palatina* 10.105.2): θανάτῳ πάντες ὀφειλόμεθα. Porém, na língua temos ciclos e mesmo palavras arcaicas podem ser retomadas, quase como se fossem neologismos. Nessa passagem também vemos como Horácio pensa o movimento irregular das línguas, obviamente na fala cotidiana, que assim passa a influenciar a produção poética; assim a imagem pode ser tirada de Píndaro (νόμος ὁ πάντων βασιλεύς, "o costume é o rei de tudo") para aplicação linguística.

Netuno representa o mar, que cercado num tipo de dique ou baía, pode regular os ventos frios e violentos (Aquilões), talvez em referência a alguns portos artificiais feitos por Júlio César e Augusto, como o porto Júlio, feito no espaço de terra entre os lagos Lucrino e Averno (37 a.C.); o charco pode ser alterado para gerar agricultura, em possível alusão à intervenção no charco de Pontina por ordens de César; os rios podem ser deslocados ou transpostos, em alusão ao desvio do Tibre feito por Agripa e Augusto; mas mesmo esses feitos perecem. Fedeli acredita que seria mau gosto se Horácio estivesse se referindo diretamente a feitos de César ou Augusto, mas Horácio em outros momentos não deixa de marcar a mortalidade de tudo que é humano, nem deixa de ter seu senso de ironia. Por outro lado, é claro que o poeta não se dá ao trabalho de especificar os feitos, por isso também acho desnecessário tentar ligá-los a um caso específico, já que o leitor romano poderia pensar em várias obras.

v. 61: Muitos editores consideram a passagem corrompida (caso de Brink e Shackleton Bailey), e alguns até inserem uma conjetura, como v. 61a, como é o caso de Rudd, que acrescenta um suplemento de Lehrs apenas como exemplo: *ut noua succrescunt nouus et decor enitet in illis* ("quando as novas crescem novo adorno refulge"). Optei por traduzir o texto transmitido, sem intervenções maiores, seguindo Fairclough e Fedeli.

v. 65: Sigo a conjetura de Bentley *palus prius*, adotada por Rudd, em vez *diu palus*, que consta em Prisciano e é seguida por Shackleton Bailey, Brink, Villeneuve, Rostagni e Fedeli, apesar de estes (exceto Villeneuve) colocarem o trecho *inter cruces*.

vv. 73-88: Em transição abrupta, Horácio trata agora das relações entre forma e conteúdo nos gêneros (εἴδη) da poesia grega arcaica associados tradicionalmente ao seu suposto inventor (εὑρετής), seguindo a ordem pindárica (*Olímpicas*, 2.2) de deus, herói, homem; é de se notar que Horácio não menciona aqui nomes romanos, mas os quatro modelos sugeridos foram praticados por ele próprio e por figuras razoavelmente próximas.

Homero apresenta o hexâmetro datílico para cantar os feitos de reis e generais em guerra (*Ilíada* e *Odisseia*); ele não é apresentado como inventor do metro, porque este costuma ser atribuído a Apolo, ou Orfeu; é o metro usado por Virgílio em toda sua obra conhecida, *Bucólicas*, *Geórgicas* e *Eneida*, e também por Horácio nas *Sátiras* e *Epístolas*. Assim Terenciano Mauro explica sua relação com a poesia heroica (*Das letras, sílabas, metros*, 1644-9):

> *hexametron dicunt sed non heroicon omnem:*
> *nam sex pedes inesse non erit satis;*
> *leges quippe datas heroica carmina poscunt,*
> *quas, acta Homerus heroum cum scriberet*
> *uersibus, ostendit, quas aeque sermo latinus*
> *custodit omnes.*

> Chamam esse de hexâmetro mas não sempre de heroico: porque não basta apenas ter os pés em seis;

cantos heróicos demandam sempre leis limitadas, leis que Homero, escrevendo sobre feitos heroicos, mostra nos próprios versos, também a língua latina guarda por regra.

Os versos diversos, sem autoria certa (na época de Horácio, os nomes mais cotados eram Calino ou Mimnermo), indicam a construção do dístico elegíaco (um hexâmetro datílico seguido de um pentâmetro também datílico), que os antigos criam ter sido inventado como canto de lamento para as elegias (a partir da etimologia εὖ εὖ λέγειν, "dizer ai ai"), e depois também para o epigrama, que usava o mesmo metro e tradicionalmente, na visão dos romanos, servia para a consagração de ex-votos. Terenciano Mauro também discute a autoria (vv. 1721-2):

Pentametrum dubitant quis primus finxerit auctor:
quidam non dubitant dicere Callinoum.

Sobre o pentâmetro muitos hesitam quem o criara;
muitos não vão hesitar; dizem: Calino o criou.

Em Roma os nomes mais conhecidos do epigrama e da elegia na época eram Catulo, Propércio, Tibulo e Ovídio (talvez em começo de carreira).

Arquíloco apresenta o iambo como poesia de invectiva e ataque, em discordância do que lemos em Aristóteles, que atribui a invenção do metro a Homero no *Margites*; seja como for, o mesmo metro, na forma do trímetro iâmbico, é usado também no drama com coturnos altos (tragédia) e tamancos baixos (comédia) nos momentos falados dos diálogos; sua descrição como metro ideal da fala retoma Aristóteles (*Poética*, 24.1459b); é o metro usado em boa parte dos *Epodos* de Horácio, que nessa obra imita Arquíloco. Sobre o metro iâmbico e sua relação com o teatro, Horácio tratará com mais detalhe nos vv. 251-62.

Por fim, também sem autoria certa e única, a lírica ou mélica aparece como o gênero com maior variedade de metros e temas, por isso é dada pela própria musa às cordas; a série de subgêneros parece dialogar com a enumeração de Dídimo Calcentero de Alexandria: temos a lírica elevada dórica dos hinos, epinícios e encômios de Píndaro ("deuses e filhos de deuses, / de vencedores na luta"), da lírica eólica média dos poemas eróticos e simpóticos de Alceu e Safo ("aflições dos jovens) e talvez até mesmo de Anacreonte ("versos de vinhos libertos"), por sua métrica mais simples; nas *Odes* Horácio imita vários desses autores e subgêneros da lírica arcaica.

O dever do poeta é dominar os modos de cada gênero, pois sem esse conhecimento ele nem sequer pode se alçar ao nome de poeta. O resultado é que Horácio aqui desenvolve a ideia da composição de palavras e metros (σύνθεσις τῶν ὀνομάτων ἐν τοῖς μέτροις) como já vemos em Aristóteles (*Poética*, 6.1449b), para iniciar a discussão sobre a adequação e a conveniência (*decens, decorum* e derivados são termos-chave no latim, tal como τὸ πρέπον e κατὰ τὸ εὀκός em grego).

Os versos do vinho aparecem como libertos, porque Dioniso era representado como *Liber* em Roma e Λυαῖος na Grécia, nos dois casos com o sentido de "libertador".

vv. 89-98: Depois de apresentar a relação estreita entre gênero, metro e tema (em tom algo essencialista que parece atribuir um *ethos* natural a cada metro), Horácio chega a um problema mais delicado: no drama, o trímetro iâmbico serve tanto à comédia quanto à tragédia, que apresenta dois tons diferentes (tema já tratado por Aristóteles, *Retórica*, 3.7. 1408 a 1413, e retomado por Cícero, *Melhor gênero de oradores*, 1, e Quintiliano, 10.2.22). Assim, é necessário avaliar um novo modo de conveniência entre o tom do subgênero e dos personagens e a linguagem a ser utilizada. Isso não quer dizer que a comédia seja apenas baixa e a tragédia apenas elevada, porque há gradações da fala a depender dos contextos; daí vêm os exemplos de Cremes, Peleu e Télefo.

A história terrível de Tiestes era tema grego bastante retomado pelos romanos: sabemos que Ênio e Vário fizeram uma tragédia com esse nome, e nos chegou uma também atribuída a Sêneca. Tiestes seduzira a esposa do irmão Atreu, rei de Micenas, e roubara um carneiro dourado que garantia a soberania; por vingança então Atreu matou os filhos de Tiestes e, num logro, fez com que o pai comesse a carne deles sem saber. A cena representa tamanho horror, que em algumas versões do mito até o sol foge do acontecimento.

Cremes é o nome típico do velho pai nas comédias, avarento e irascível, talvez mais especificamente o velho que encontramos no *Heautontimorumenos*, 1035-37 de Terêncio:

> non si ex capite sis meo
> natus, item ut aiunt Minervam esse ex Iove, ea causa magis
> *patiar, Clitipho, flagitiis tuis me infamem fieri*

> nem mesmo se você
> nasceu da minha testa igual Minerva em Jove, agora irei suportar a infâmia em teus flagelos, Clítifon!

Quando ele se ira com motivo, sua linguagem se aproxima discretamente do modelo trágico.

Télefo foi assunto dos principais tragediógrafos; Eurípides foi até parodiado por Aristófanes, pelo uso de um estilo mais baixo em sua tragédia; em Roma o assunto passou pelas mãos de Ênio e Ácio. Rei da Mísia, ele foi ferido pela lança de Aquiles; como a ferida não se curava, ele descobriu que apenas a mesma arma que o acertara poderia resolver o problema. Assim, foi atrás dos gregos vestido de mendicante e conseguiu que Aquiles concedesse uma raspa da ponta da lança, que então curou a ferida. Ele então é o "pobre" da dupla.

Peleu é assunto recorrente de tragédias perdidas de Sófocles e Eurípides; o mito conta que ele teria sofrido dois exílios, um de Efina e outro de Ftia, antes de se casar com Tétis e se tornar pai de Aquiles.

v. 95: Horácio caracteriza a fala rebaixada da tragédia como *sermone pedestri* ("conversa pedestre"), o que a aproxima de sua própria definição da sátiras em *Sátiras*, 2.6.17 como *musa pedestri* ("musa pedestre"). Por outro lado, em *Sátiras*, 1.4.47-8, distinguia a comédia da conversa apenas pelo uso do metro.

vv. 99-113: Determinada a adequação de gênero, Horácio argumenta que não se trata apenas de produzir um poema belo (*pulcher*, formalmente bem acabado), mas de seduzir e manter o auditório atento (devem ser *dulcia*, doces, capazes de afetar o outro), produzindo assim um tipo de afecção das almas, ou ψυχαγωγία, tal como encontramos em Platão (*Fedro*, 271d), ou Aristóteles (*Poética*, 5 1450a33) ou mesmo Neoptólemo. Para tanto, é preciso estar certo a cada contexto e sentimento dos personagens criando uma relação entre afeto (πάθος) e estilo adequado aos caracteres (ἤθη) e personas (πρόσωπα). O exemplo fica apenas na tragédia, pois um deslize pode gerar o riso indesejado e pôr tudo a perder, seja vindo dos equestres (a classe econômica mais alta de Roma, determinada pelo censo) ou dos pedestres (classe baixa, ligada aos plebeus). Horácio argumenta, segundo a teoria peripatética da συμπάθεια, que o ator e o orador devem viver o sentimento análogo ao da personagem para produzi-lo em quem vê tanto pela voz como pelo vulto (cf. Aristóteles, *Poética*, 17 1455a30 e ss., e Cícero, *Do orador*, 2.188-97), portanto longe da teoria estoica do distanciamento (cf. Cícero, *Tusculanas*, 4.55

e Sêneca, *Da ira*, 2.17). Para confirmar sua proposta, Horácio argumenta, provavelmente via estoicismo (cp. Cícero, *Do orador*, 3.57), que é a própria natureza quem forma os homens primeiro numa espécie de linguagem (λόγος ἐνδιάθετος), para que depois exponham os sentimentos pela linguagem externa da língua (λὸγος προφορικός); mas a liga com a ideia epicurista de que haveria algum tipo de correspondência entre as palavras e as impressões naturais (Lucrécio, *Da natureza das coisas*, 5.1028 e ss. e 6.1147 e ss.).

vv. 99-100: Em latim os versos rimam *sunto/agunto*, por isso optei por criar a rima requinte/ouvinte.

vv. 114-18: Feita a adequação ao contexto e ao afeto, é preciso também criar coerência com o tipo de personagem: deus (sereno), herói (agitado) ou humano em primeiro lugar; depois se é jovem (florente e ativo) ou velho (maduro e meditativo), homem ou mulher, casada (senhoril e elevada) ou nutriz (singela e cuidadosa), qual sua profissão e origem; sem isso a verossimilhança não se faz. Essa preocupação certamente está mais voltada para o gosto mais realista da poética helenística e dialoga plenamente com o pensamento que encontramos nos *Caracteres* de Teofrasto ou com Pseudo-Dionísio de Halicarnasso (*Arte retórica*, 9.3-6); Horácio parece mais interessado no assunto do que Aristóteles na *Poética*. Os colcos representam, por sua distância da Grécia, a barbárie cruel e inóspita; os assírios, na Ásia, representariam a excessiva delicadeza e afetação. Os tebanos eram tradicionalmente considerados como brutos e pouco espertos; por contraposição poderíamos supor que os argivos (menos marcados nesse aspecto e sem oposição tradicional aos tebanos) seriam mais civilizados e espertos.

vv. 119-130: Aqui começa a parte sobre a poesia (ποίησις na terminologia de Neoptólemo de Pário), com a discussão sobre a construção da obra como um todo. Há dois modos de fazer personagens, segundo Horácio; e nessa primazia dos personagens ele parece se afastar do que vemos na *Poética* de Aristóteles. Em primeiro lugar, o escritor pode seguir a tradição, usando personagens já conhecidos a partir de seus traços mais marcantes; assim vem Aquiles (exemplar do valor militar e da ira), Medeia (filicida e bárbara, por isso feroz, e invencível por origem divina e força mágica), Ino (enlouquecida por Juno depois de criar o bastardo Baco, filho de Júpiter, veio ainda a perder o filho destroçado pelo próprio marido), Ixíon (matou o próprio pai a traição e, depois de purificado por Júpiter, tentou seduzir Hera, por isso é condenado aos piores sofrimentos no mundo dos mortos, numa roda em chamas), Io (transformada em bezerra por ciúmes de Hera contra Zeus, ela vagou até chegar ao Egito) e Orestes (vingando a morte do pai Agamêmnon, matou a mãe Clitemnestra e depois foi atacado pelas Erínias/Fúrias, que o enlouqueceram). A outra opção é criar um personagem novo, mas nesse caso é preciso moldar uma coerência interna que se sustente ao longo de toda a obra para garantir unidade. A conclusão de Horácio é que a primeira proposta é mais simples, daí a sugestão do canto ilíaco (a guerra de Troia) adaptado ao teatro, o que não pode ser lido sem um grão de sal e ironia, afinal, fazer caber o conteúdo da *Ilíada* numa tragédia, mantendo qualquer tipo de unidade de tempo e espaço, é por si só um desafio quase insolúvel.

Por fim, entendo que a frase "difícil é dizer como próprio o comum" (*difficile est proprie communa dicere*) põe em questão o desafio de mostrar num personagem singular caraterísticas (ἴδιον/καθ' ἕκαστον) que incluem problemas mais gerais (κοινόν/καθόλου), de modo similar ao que vemos em Aristóteles (*Poética*, cap. 9); entendo que é nesse desafio que está a relação social da poesia. Alguns estudiosos, não obstante, já entenderam que se trataria de como apresentar assuntos comuns (*publica materies* do v. 131), com o sentido de públicos, tradicionais, o que me parece simplista ao contexto. Contudo, se aqui tomo partido, não pretendo assim resolver o problema, até porque, como nos lembra Brink, este é considerado um dos versos mais difíceis da literatura latina e um dos mais discutidos da *Arte poética*. Por isso deixei a ambiguidade na tradução.

vv. 119-120: Sigo a pontuação de Brink, Villeneuve, Rostagni, Fedeli e Rudd, considerando *scriptor* como vocativo, em vez de colocar um ponto final no v. 119. *honoratum* é considerado um problema pelos estudiosos, e a maioria dos editores deixa *inter cruces*: poderia ser lido como "honrado" ativamente (o homem que presta honras e cumpre palavras, o que gera problemas com o caráter tradicional de Aquiles, descrito como ἄτιμος na *Ilíada*, 1.171 e 224) ou passivamente (o homem que recebe honras dos outros, que é famoso, o que me parece mais razoável); como a ambiguidade também se dá em português com a palavra "honrado", essa foi a minha solução.

v. 128: Shackleton Bailey põe *inter cruces* a expressão *difficile est*, o que me parece desnecessário; nisso acompanho Brink, Fedeli, Fairclough e Rudd.

v. 129: Sigo a variante *deducis*, incorporada por Brink e Rudd, entre outros, em vez de *diducis*, incorporada por Shackleton Bailey. Compreendo que aqui o verbo *deducere* está ligado à metáfora da fiação como poesia, tal como em Virgílio (*Bucólicas*, 6.5); a imagem do canto em forma de fio, por sua vez, retoma a ideia de concisão e fineza da Μοῦσα λεπταλέη ("Musa magra") de Calímaco, frag. 1 Pfeiffer.

vv. 131-5: Horácio aqui explica como é possível ter originalidade a partir da tradição; assim o assunto público (temas gerais e tradicionais) podem ser tratados segundo o júri privado (a criação autônoma de nova obra). A primeira questão ("não tardar em via pública e batida") é de clara origem calimaquiana (Epigrama, 38, *Antologia Palatina*, 12.43):

> Ἐχθαίρω τὸ ποίημα τὸ κυκλικόν, οὐδὲ κελεύθῳ
> χαίρω, τίς πολλοὺς ὧδε καὶ ὧδε φέρει·
> μισέω καὶ περίφοιτον ἐρώμενον, οὐδ᾽ ἀπὸ κρήνης
> πίνω· σικχαίνω πάντα τὰ δημόσια.
> Λυσανίη, σὺ δὲ ναίχι καλὸς καλός — ἀλλὰ πρὶν εἰπεῖν
> τοῦτο σαφῶς, Ἠχώ φησί τις· 'ἄλλος ἔχει'.

> Eu odeio o poema cíclico, não gosto
>   de estradas que carregam todo o povo,
> tenho horror ao amante grudento e não bebo
>   em cisternas — desprezo o popular.
> Lisânias, sim, és belo, belo; porém antes
>   de Eco dizê-lo, um fala: "elo que peca".

Imagem similar aparece no frag. 1.25-8 Pfeiffer, pertencente aos *Aetia* de Calímaco, quando o deus Apolo aconselha ao poeta:

> πρὸς δέ σσε καὶ τόδ᾽ ἄνωγα, τὰ μὴ πατέουσιν ἅμαξαι
>   τὰ στείβειν, ἑτέρων δ᾽ ἴχνια μὴ καθ᾽ ὁμά
> δίφρον ἐλ]ᾶν μηδ᾽ οἶμον ἀνὰ πλατύν, ἀλλὰ κελεύθος
>   ἀτρίπτο]υς, εἰ καὶ στεινοτέρην ἐλάσεις.

> E por isso lhe ordeno: onde não passa carro,
>   por lá prossiga, não conduza nunca
> em rastro alheio e estrada larga, por caminhos
>   intactos siga a senda mais estreita.

É assim que chegamos à passagem bastante comentada do "fiel intérprete". Entendo que não se trata de mera contraposição entre autor e tradutor, mas de um tipo específico de tradução em Roma, tal como é analisada por Maurizio Bettini: o *interpres* ("intérprete") é o tradutor nas transações monetárias, precisa trocar uma medida por outra, como quem pesa palavra a palavra; é a esse trabalho que o imitador servil se compara, lembrando como o poeta já os tinha chamado de "gado servil" (*imitatores, seruum pecus*, em *Epístolas*, 1.19.19). Horácio então propõe uma relação que até pode ser tradutória, mas de outra ordem, contrariando a própria organização da nova obra; é nesse sentido que existe uma retórica da imitação, nos termos de Gian Biagio Conte (1986). É de ordem similar o trecho famoso de Cícero (*O melhor gênero de oradores*, 14): *nec conuerti ut interpres, sed ut orator* ("nem verti como intérprete, mas como orador").

vv. 136-152: O segundo ponto importante da passagem é evitar o modelo dos escritores cíclicos, poetas pós-homéricos que buscavam narrar todos os acontecimentos de um mito em sua ordem cronológica (como na *Cypria* de Estásino ou na *Aethiopis* de Arctino, na *Tebaida* de Antímaco etc.); por exemplo, contar toda a história de Príamo, rei de Troia – em vez dos acontecimentos restritos à ira de Aquiles, como vemos na *Ilíada*, independentemente do fato de que Horácio possa estar zombando (até hoje sem melhor resposta) – pode resultar numa promessa inexequível ou entediante; além disso a escrita soa pomposa e afetada. Como resultado, temos a comparação com o monte que parece um rato, tirada de um provérbio grego (ὤδινεν ὄρος, [...] μῦν ἀπέτεκεν, em Ateneu, *Banquete dos sofistas*, 16.6, também presente em Fedro, *Fábulas* 4.24). Melhor então é a segunda proposta, que aparece como tradução da abertura da *Odisseia*:

Ἄνδρα μοι ἔννεπε, Μοῦσα, πολύτροπον, ὃς μάλα πολλὰ
πλάγχθη, ἐπεὶ Τροίης ἱερὸν πτολίεθρον ἔπερσε·
πολλῶν δ᾽ ἀνθρώπων ἴδεν ἄστεα καὶ νόον ἔγνω,
πολλὰ δ᾽ ὅ γ᾽ ἐν πόντῳ πάθεν ἄλγεα ὃν κατὰ θυμόν,
ἀρνύμενος ἥν τε ψυχὴν καὶ νόστον ἑταίρων.
ἀλλ᾽ οὐδ᾽ ὣς ἑτάρους ἐρρύσατο, ἱέμενός περ·
αὐτῶν γὰρ σφετέρῃσιν ἀτασθαλίῃσιν ὄλοντο,
νήπιοι, οἳ κατὰ βοῦς Ὑπερίονος Ἠελίοιο
ἤσθιον· αὐτὰρ ὁ τοῖσιν ἀφείλετο νόστιμον ἦμαρ.
τῶν ἁμόθεν γε, θεά, θύγατερ Διός, εἰπὲ καὶ ἡμῖν.

O homem conta-me, Musa, o multimodal que por muitos
males passou, arrasando a santa muralha de Troia,
vendo e sabendo de muitas cidades e mentes humanas,
muitas dores sofrendo no mar e dentro do peito,
ao proteger seu alento e o retorno de seus companheiros,
sem conseguir salvá-los, por mais que assim desejasse:
pois se perderam pela própria perversidade,
tão pueris que comeram o gado do Sol Hiperônio,
e este por isso então lhes tomou o dia da volta.
Deusa filha de Zeus, começa por um desses pontos.

Horácio traduz apenas os primeiros três versos de forma concisa, deixando de lado o complexo adjetivo πολύτροπον e focando nos eventos da narrativa: sofrimentos, queda de Troia, viagens de Odisseu/Ulisses, criando novas aliterações em *p* e *t* no primeiro verso e em *m* no segundo; além disso, como bom romano, ele troca o aspecto mental de νόον (ideias e mentes dos povos) pelo mundo prático de *mores* (costumes dos povos). Na verdade, Horácio nem pretende aqui dar qualquer tipo de versão definitiva, já que ele mesmo havia vertido o mesmo trecho em *Epístolas*, 1.2.19-22, de modo que a cada momento vemos como ele se adapta aos interesses do contexto. Mais importante é ver como, num só movimento, o poeta argumenta em favor da poética *in medias res* ("no meio das coisas", v. 148, ou seja, começando a narrativa em plena ação, para depois recapitular o que já teria acontecido de acordo com a necessidade da trama) e da unidade narrativa, ao mesmo tempo em que nos dá um esboço do que considera ser uma tradução poética por oposição ao trabalho do intérprete. Os outros feitos de Odisseu aparecem agora em nomes Antífates (rei dos lestrigônios do canto X), Cila (monstro de seis cabeças do canto XII), Ciclope (o monstro Polifemo do canto IX), Caríbdis (outra monstruosidade marinha próxima a Cila também no canto XII). Seja como for, o mais curioso é ver como Horácio escolhe a *Odisseia* como bom exemplo de unidade e variação, logo a obra menos claramente unitária da épica antiga que nos chegou; isso é claro indício de que a noção de unidade da *Arte poética* é muito mais complexa do que poderíamos supor à primeira vista.

Em seguida vêm os exemplos negativos: começar com a morte de Meleagro parece realmente não ter absolutamente nada a ver com o retorno de Diomedes da guerra de Troia ou do cerco de Tebas, pois ele é apenas tio de Diomedes e nada sabemos além disso e talvez esse absurdo é que seja o sentido do trecho; o ovo gêmeo é a prole de Leda com Zeus disfarçado de cisne, assim nasceu num dos ovos Helena e Clitemnestra, no outro, Castor e Pólux; Helena então é a causa da guerra de Troia. É daqui que vem a imagem de narrar algo *ab ovo*, ou seja, narrar a vida de alguém ou a relação desta vida com uma dada narrativa desde a fecundação do óvulo.

v. 151: Este verso horaciano ecoa a descrição do que diz Odisseu a Penélope, disfarçado de mendigo, em *Odisseia*, 19.203:

ἴσκε ψεύδεα πολλὰ λέγων ἐτύμοισιν ὁμοῖα

nisso contava muitas mentiras iguais ao correto

E também a autodescrição das musas em Hesíodo quando elas se revelam ao poeta, *Teogonia*, 27-8:

> ἴδμεν ψεύδεα, πολλὰ λέγειν ἐτύμοισιν ὁμοῖα,
> ἴδμεν δ᾽, εὖτ᾽ ἐθέλωμεν, ἀληθέα γερύσασθαι.
>
> nós sabemos muitas mentiras iguais ao correto,
> nós sabemos, quando queremos, contar a verdade.

Essa característica, na leitura horaciana, passa a ser a definidora da poesia, e não mais um problema da verdade; nesse sentido ele parece dialogar com Aristóteles, quando este afirma que "Homero ensinou os outros a falar mentiras do jeito certo" (δεδίδαχεν δὲ μάλιστα Ὅμηρος καὶ τοὺς ἄλλους ψευδῆ λέγειν ὡς δεῖ, *Poética*, 24 1460a).

vv. 153-78: A partir daqui, Horácio se concentra no drama, gênero central no pensamento de Aristóteles, e por sua vez parece ser retomado por Evâncio (*De fabulis*, 3.4), quando elogia Terêncio. Retomando o que tinha sido esboçado em 114-118, temos aqui as regras de representação típica do homem segundo o quadro idades (καθ᾽ ἡλικίαν), infância (*puer*, até 15 anos, quando usava a toga pretexta), juventude (*iuuenis*, a partir dos 16, quando usava a toga viril), maturidade (*uir*, a partir dos 30) e velhice (*senex*, sem idade determinada), uma ideia provavelmente derivada de Pitágoras (segundo Diógenes Laércio, 8.10) e presente na *Retórica*, 2.12 1388b-1390b (sem a infância, que não caberia num tribunal); na poesia romana ela também aparece em Ovídio (*Metamorfoses*, 15.199 e ss.). Diferentemente do que tinha sido discutido antes, acerca da dicção dos tipos de personagens, o que agora se aborda são os costumes, o que se encaixa melhor na teoria da *poesis* como obra inteira.

É curioso notar a descrição da plateia como um grupo sentado e calado até que o pano seja levantado (na prática antiga, em vez de fechar cortinas) e ela seja convidada aos aplausos (o pedido de aplausos, *plaudite*, tradicional encerra as comédias latinas nos textos que nos chegaram) pelo cantor que acompanhava os músicos. Os últimos versos do trecho indicam que os atores deveriam ser indicados de acordo com suas idades; é curioso esse tipo de critério realista num mundo em que homens sempre faziam os papéis de mulheres.

O Campo de Marte, ou Campo Márcio, ficava entre o Quirinal o Capitólio e o Tibre; ali eram feitos jogos e exercícios militares na época de Horácio, por isso sua relação com os jovens.

v. 155: Horácio faz um uso singular de *cantor*, que não aparece em nenhuma indicação do *Oxford Latin Dictionary* com acepção de *histrio*, ator ou coisa do tipo. Seria o caso de considerar plenamente o sentido de "cantor", que é como traduzo, ou seja, o cantor que ficava com os músicos, e não um ator que canta.

v. 172: A expressão *spe longus* incomoda os editores, que na maioria a deixam *inter cruces*, inclusive por sua ambiguidade: podemos interpretar que o velho seja "longo na esperança", ou seja, que ainda espera muito, em diálogo com *spem longam* em *Odes*, 1.11.7; ou pelo contrário, é possível entender que ele esteja "distante da esperança", já próximo da morte, como tradução do termo grego δύσελπις. Tentei manter a ambiguidade com "alongado da espera".

vv. 179-88: Voltando ao desenvolvimento da peça, Horácio lança dois modelos: atuar diretamente ou narrar um acontecimento fora de cena (cf. Aristóteles, *Poética*, 14 1453b) em geral por meio de um mensageiro. Seguindo o adágio grego de que os olhos são mais confiáveis que os ouvidos (ὤτων πιστότεροι ὀφταλμοί), ele desloca da fiabilidade para a capacidade de comoção. Para além disso, as cenas de violência extrema (Medeia matando os filhos e Atreu comendo os filhos) ou antinaturais (metamorfoses) não devem ser encenadas diretamente, por isso ficam reservadas aos relatos; segundo o modelo aristotélico, elas entram na categoria de irracionais, absurdas e impossíveis (ἄλογα, ἄτοπα, ἀδύνατα). Em grande parte, podemos entender que a recusa desse tipo de cena se dá não apenas por causa do gosto estético, mas também por dificuldades de encenação convincente. Um exemplo claro de teatro que não segue as regras horacianas é o que vemos em Sêneca, no caso de Édipo e de *Tiestes*, para ficarmos em apenas dois exemplos.

Procne, como vingança por seu marido Tereu ter estuprado a irmã Filomela, matou o próprio filho Ítis e o serviu de comida ao pai. Ao descobrir, Tereu perseguiu a esposa e a irmã, até que os três se transformaram em animais. Procne vira uma andorinha ou rouxinol, a depender da variante do mito.

Cadmo é o mítico fundador de Tebas; no fim de sua história ele teria se mudado com a esposa Harmonia para a Ilíria, onde teriam sido transformados em serpentes inofensivas.

vv. 189-190: Temos aqui a apresentação da lei dos cinco atos (*actus* em latim, μέρος em grego), como a que aparece também em Evâncio (*De fabula*, 2.2); no entanto nada nos indica que isso fosse de fato uma lei na Atenas clássica, seja para as tragédias, seja para a comédia (certamente não se aplica bem à Comédia Velha); mas parece já indicada no cap. 12 da *Poética* de Aristóteles, como três partes (prólogo/πρόλογος, episódio/ἐπεισόδιον, êxodo/ ἔξοδος), talvez com origem na escola de Teofrasto, introduzida em Roma por Varrão, e é o que encontramos na imensa maioria das tragédias de Sêneca e no que podemos depreender de Menandro. Ou seja, se a lei não se aplica de fato ao mundo grego clássico, é possível ver seu desenvolvimento nas leituras e na crítica, de modo que, no tempo de Horácio, ela já fosse vista como lei.

Segunda regra: evitar a todo custo o recurso do *deus ex machina* (quando um maquinário, μηχανή, como uma grua, fazia com que um deus entrasse por cima do palco, em geral para resolver magicamente os problemas e aporias da peça) por ser considerado simplista; já criticado por Platão (*Crátilo* 425d) e Aristóteles (*Poética*, 15 1454a). É atrelada a isso a exigência de que a "trama demande / quem a libere" (*dignus uindice nodus*), imagem clara se considerarmos que *uindex* é o termo dado a um homem que libertava seu escravo.

Por fim, Horácio também sugere manter a regra de no máximo três personagens em cena, além do coro, ou seja, no máximo três personagens falando, desde que um permaneça em silêncio; vemos, no entanto, que a comédia romana várias vezes rompe essa sugestão, possibilidade já existente na Comédia Velha e que parece ser também o caso em tragédias atenienses como Édipo em Colono e Reso. Segundo a história do drama, a tragédia começaria quando o primeiro ator emergiu do coro do ditirambo, Ésquilo teria acrescentado o segundo ator, e Sófocles o terceiro.

vv. 193-201: Aqui temos a função do coro na poética horaciana. Em primeiro lugar, ele é um personagem, portanto participa das cenas também com exigência de verossimilhança (cf. Aristóteles, *Poética*, 18 1456a). Em segundo, não deve cantar coisas aleatórias, mas sempre vinculadas ao desenvolvimento da trama; o poeta parece criticar a preferência por cantar apenas entre os atos (*medio actus*, ἐμβόλιμα no repertório aristotélico, como interlúdios), o que se ligaria à lei dos cinco atos, mas sem a unidade esperada. Por fim, Horácio trata de como se estabelecem as relações do coro com os outros personagens e sugere um papel moral, que passa a servir como exemplo à plateia. Fedeli ainda argumenta que o desenvolvimento dos versos sugere justiça, leis e paz, a mesma ordem das Horas de Hesíodo (*Teogonia*, 902), Δίκη, Εὐνομία, Εἰρήνη. É importante contrastar o trecho com a história do coro no teatro antigo, porque sabemos que ele foi perdendo cada vez mais seu papel tradicional e se vinculando apenas à música, em geral nos entreatos (cf. Evâncio, *De fabula*, 3.1, que atribui o enfraquecimento do coro à plateia); Horácio advoga então por um retorno à sua função no período clássico.

Fortuna, deusa do acaso, ou do destino, na medida em que é incompreensível ao homem, é equivalente da Τύχη grega.

v. 197: Os editores aqui divergem um pouco quanto ao texto transmitido *pacare tumentes* ("aplacar os inflados"); sigo *peccare timentes*, da edição de Fairclough, Brink, Rostagni, Villeneuve, Rudd e Shackleton Bailey; apesar da solução, Brink e Rudd ainda deixam *inter cruces* o trecho *peccare timentis*, o que me parece por ora desnecessário.

vv. 202-19: Para explicar o desenvolvimento do teatro, para além do uso do coro e dos personagens, vemos agora as práticas musicais (μελοποιία), um tema não tratado por Aristóteles. As práticas são exemplificadas pelo uso da tíbia (*tibia*, αὐλός grego, um instrumento de sopro com palheta, em geral com dois tubos, um fazendo pedal e outro modulando; não deve ser confundido com uma flauta), tipicamente usado no drama. Segundo Horácio, no início o instrumento servia apenas para afinar o coro, provavelmente fazendo uníssono; a isso ele relaciona a vida simples e rural do mundo arcaico. Com o crescimento econômico e aumento dos luxos (em Atenas, depois das Guerras Médicas, em Roma, depois da Guerras Púnicas), também a estética cênica se altera, em tudo torna-se mais lasciva e complexa (a mudança por roupas do tibicino, que se arrastam no chão, reforça a imagem de exagero, e pelo seu espaço, antes confinado junto com o coro e posteriormente andando no meio do palco), com gestos e melodias variadas e mesmo o refinamento da cobertura de oricalco no instrumento tradicionalmente feito de caniços (por isso ela passa a competir com a trombeta); do mesmo modo cresce também o número de furos na tíbia e de cordas na lira, fato confirmado, já que sabemos como Melanípides, Filóxeno e Timóteo foram acusados de ampliar a lira, este último de sete para doze cordas, por fim chegando a dezoito (que aparecem como "severas" em contraste com a tíbia, lembrando que a lira era o único instrumento aceito por Platão em sua *República*). Depois os experimentos verbais ficam cada vez mais obscuros, como vemos já na diferença entre Eurípides e seus predecessores; por fim, Horácio, partindo das tradicionais falas previdentes do coro, termina por criticar que parte da poesia já parecia o oráculo de Delfos, consagrado a Apolo, de tão incompreensível. A imagem de um mundo romano decaído de sua moral antiga é, na verdade, lugar comum na literatura latina desde o século II a.C., e a política augustana busca propor uma retomada desses *mores maiorum* na religião, na arte, no urbanismo, por isso não devemos tomar as afirmações de Horácio como precisas em sua avaliação.

v. 210: O gênio é uma divindade que nascia com cada pessoa e estava encarregado de protegê-la, ao modo de um anjo da guarda. Os romanos, em seus banquetes, faziam libações para apaziguar os gênios, mas essa era uma prática noturna; Horácio nota como a prática antes proibida e sacrílega de beber vinho durante o dia acabava interferindo na religião.

vv. 220-33: Depois de comentar os modelos mais tradicionais do drama, a saber, a tragédia e a comédia, Horácio se volta para o drama satírico (não confundir com a sátira, gênero exclusivamente romano), que teria sido criado por Prátinas de Fliunte, contemporâneo de Ésquilo a partir da figura dos sátiros, uma mistura de humano e bode, geralmente representados nus e escrachados. Esse gênero era caracterizado por uma liberdade de fundir aspectos da tragédia e da comédia, ficando assim num ponto mediano e, provavelmente, mais experimental; por isso caracterizado por Demétrio (*Da interpretação*, 169) como "tragédia lúdica" (τραγῳδία παίζουσα); ele parece servir plenamente ao interesse de Horácio e de vários de seus contemporâneos como exemplar de um estilo mediano. Uma de suas características era ser apresentado depois da série de três tragédias, em geral retomando os heróis antes apresentados (daí o "há pouco", v. 238) em tom diverso da gravidade trágica; por isso o todo da apresentação era considerado uma tetralogia, formada pela trilogia das tragédias e um drama satírico.

A expressão "trágico canto" (*carmine tragico*) traduz o termo grego τραγῳδία, que em sua origem pode ser traduzido como "o canto do bode" (cf. Evâncio, *De fabula* 1.1-2), porque esse era um prêmio do vencedor, segundo a visão de Horácio, que é referendada pelo Mármore de Paros (236 a.C., onde lemos ἆθλον ἐθέτη |ο τράγος) e por um epigrama de Dioscórides (*Antologia Palatina*, 7.4); no entanto Aristóteles nada nos diz sobre tal prêmio.

v. 229: É possível ler este verso como referência às comédias taberneiras (*comoediae tabernariae*) como as que escreveram Titínio, Afrânio e Ata, marcadas por realismo e *bas-fond* das tavernas.

vv. 232-3: Nada sugere que as matronas romanas tivessem pudor de dançar em celebrações privadas; mas é bem provável que esse pudor se apresentasse tradicionalmente em festas públicas.

vv. 234-9: O trecho *Satyrorum scriptor* ("como escritor de satíricos") já foi por vezes tomado como evidência de que Horácio teria se aventurado no teatro escrevendo dramas satíricos. Como Rudd e outros, no entanto, compreendo que aqui o poeta se põe em condição hipotética, ou seja, ele afirma o que faria "como escritor de satíricos", e não o que faz, uma vez que é escritor de dramas satíricos. Nessa hipótese, Horácio afirma que não tomaria as palavras apenas em sentido direto (o nome próprio aqui, *dominantia uerba*, indica o uso denotativo mais esperado), porque pretende dar cores variadas ao modelo; do mesmo modo, buscaria um estilo mediano entre o baixo da comédia e o grave da tragédia.

Davo (escravo), Pítias (escrava) e Símon (ou Simão, o velho, pai do jovem apaixonado) são típicas figuras cômicas, e a imagem do logro, segundo o *Comentator Cruquianus*, seria tirada de uma comédia de Cecílio. Sileno, filho terreno do deus Pã, era o líder dos sátiros no mito grego e teria sido o preceptor do deus Baco.

vv. 240-50: Esta passagem, que também comentei em minha tese, retoma claramente os vv. 46-8, para dar preceitos sobre como produzir uma obra original a partir de um repertório tradicional; novamente, o segredo está no uso das palavras, seja em sua posição, seja na invenção de relações sintáticas inesperadas. A ideia aparece em Aristóteles (*Retórica*, 3.2 1404b), onde lemos: "esconda bem, que é quando alguém escolhe palavras da língua cotidiana e as combina; foi o que Eurípides fez, o primeiro a mostrar o caminho" (κλέπτεται δ' εὖ, ἐάν τις ἐκ τῆς εἰωθυίας διαλέκτου ἐκλέγων συντιθῇ· ὅπερ Εὐριπίδης ποιεῖ καὶ ὑπέδειξε πρῶτος). O resultado é que a nova obra parece simples e facilmente imitável, o que é uma ilusão aos leitores e ouvintes, ideia similar à da descrição do estilo humilde por Cícero (*Orador*, 76). Diante disso, Horácio, ainda se mantendo hipoteticamente na escrita de dramas satíricos, sugere que os faunos (aqui o mesmo que os sátiros, porém latinos, porque Fauno é o equivalente romano do grego Pã) devem evitar a linguagem formal dos tribunais, mas também a poesia urbana leve (talvez a elegia erótica que fazia enorme sucesso na mesma época com os nomes de Tibulo, Propércio e Ovídio, se considerarmos que o termo *iuuenentur* é provável invenção horaciana, como aponta Rostagni), ou completamente baixa, como a invectiva, pois isso ofenderia o público de elite (ter cavalo é modo de dizer que é um equestre, ou cavaleiro, a classe mais rica no censo romano), ainda que possa agradar os grupos mais baixos, representados como compradores de grão-de-bico e nozes. É difícil decidir se o prêmio da coroa, típico dos festivais atenienses, era efetivamente dado pelos equestres e senadores ao teatro romano, ou se o poeta apenas faz uma metáfora. Seja como for, em passagens como essas, vemos claramente o ponto de vista aristocrático da arte horaciana, mesmo que o v. 248 pareça ter algum traço de ironia.

vv. 251-62: Horácio explica o principal metro dramático da Antiguidade, o trímetro iâmbico a partir do iambo, seu pé de base. A complicação está no fato de que o iambo é um pé formado por uma sílaba breve seguida de uma longa (u —), mas o metro de base na construção de versos é constituído por dois pés iâmbicos (u — u —), porque um só pé seria muito rápido, segundo o poeta. Como resultado, o trímetro é uma sequência de seis iambos contados em duplas (u — u — | u — u — | u — u —), por isso na comédia latina ele aparece com o nome de senário iâmbico. Horácio ainda analisa as variantes do metro, que aceitam, em lugar da dupla pura (u — u —) outros modos (— — u —, u u — u — etc.), dando maior variedade e naturalidade conversacional ao verso, já que a sequência de sílabas longas (duas longas — —, seriam o espondeu) retardaria o passo e aumentaria a gravidade da fala; o poeta sugere que essa prática seria posterior ao iambo puro, porém temos vários exemplos em Arquíloco (séc. VII a.C.) mostrando que as variantes já estavam em uso desde a Grécia arcaica. Depois disso, comenta, muito brevemente, a arte métrica das tragédias de Ácio e de Ênio, dois poetas do período arcaico romano (séc. II a.C.), ambos criticados pelo abuso de espondeus nos trímetros (leiam-se os "nobres trímetros" de Ácio como ironia), sem respeitar a regra grega de que os pés ímpares não aceitariam qualquer alteração; assim, o excesso de espondeus nessas obras produziria uma fala lenta, mais grandiloquente e empolada. Como marca irônica do que é dito, o v. 260 no texto latino de Horácio é plenamente espondaico, fora o quinto pé obrigatoriamente datílico; fato que emulei na tradução.

Terenciano Mauro é um bom ponto de comparação, como atenta Cândido Lusitano. Eis alguns trechos da série maior que compreende o iambo (vv. 2181-2496). Sobre a velocidade do verso, temos vv. 2182-3:

adesto iambe praepes, et tui tenax
uigoris adde concitum celer pedem,

iambo, precipite-se e tenaz ao teu
vigor nos traga logo o agito em pé veloz,

Sobre a entrada do espondeu para dar maior gravidade, temos os vv. 2205-10:

at qui cothurnis regios actus leuant,
ut sermo pompae regiae capax foret,
magis magisque latioribus sonis
pedes frequentant, lege seruata tamen,
dum pes secundus quartus et nouissimus
semper dicatus uno iambo seruiat:

Mas quando usar coturnos para ações de reis,
pra dar a própria e mais devida pompa régia
a mais capaz, passaram a mudar os pés

com largos e mais amplos sons, seguindo a lei
de dar o pé segundo, quarto e último
sem falta para iambo, sempre a lhe servir:

E para a prática do espondeu na comédia, temos os vv. 2232-7:

> *sed qui pedestres fabulas socco premunt,*
> *ut quae loquuntur sumpta de uita putes,*
> *uitiant iambum tractibus spondiacis*
> *et in secundo et ceteris aeque locis,*
> *fidemque fictis dum procurant fabulis,*
> *in metra peccant arte, non inscitia.*

quem com tamanco faz pedestres fábulas,
pra parecer que a fala vem da vida em si,
viciam todo o iambo em tratos de espondeu,
até que seja no segundo ou outros pés,
buscando dar fiança a falsas fábulas
com arte vão pecar no metro e com saber.

v. 254: *non ita pridem* gera uma série de discussões entre os editores; alguns, como H. Weil, acham que deveria caber na oração anterior; a maioria (que sigo) o liga ao verso seguinte, mas o entendimento fica estranho como "não muito tempo atrás"; para tentar manter alguma ambiguidade, optei por verter por "sem demora". Rostagni, sem ver maiores problemas, sugere traduzir por *in seguito* ("em seguida").

vv. 263-74: Aproveitando a questão métrica e a crítica sobre as práticas de Ácio e Ênio, Horácio advoga em favor da perfeição poética, com o mínimo uso de liberdade facilitadora; nesse sentido, ele é aproximável dos postulados parnasianos sobre a métrica. O argumento pode ser simplificado do seguinte modo: só porque certas liberdades são aceitas (portanto não configuram erro propriamente, daí a *data venia*), o poeta não necessariamente deve segui-las, pois apenas foge das críticas, sem angariar de fato louvor, porque a poesia permanecerá imodulável (*immodulata*, provável invenção horaciana com base no grego ἄρυθμος), incantável; a solução é compulsar os modelos gregos para com eles aprender os limites das regras. Em contraponto, Horácio agora critica a extrema liberdade métrica das comédias de Plauto (séc. II a.C.) e o fato de que ele passou a ser canonizado por parte da crítica contemporânea do nosso poeta. Diferentemente desse grupo de falsos conhecedores, Horácio se põe ao lado dos Pisões como aqueles que discernem o joio do trigo. A batida corporal como base aparece também em Terenciano Mauro (vv. 2254-5):

quam pollicis sonore uel plausu pedis
discriminare, qui docent artem, solent.

usando o som dos dedos ou batendo os pés
quem passa a arte assim costuma distinguir.

Um detalhe parece importante no trecho: Horácio não especifica as regras em questão, mas é fácil assumir que já não se restringem aqui ao excessivo uso de longas por Ácio e Ênio; pelo contrário, a vagueza do comentário sugere que se trate de um amplo repertório de regras e exceções, tal como ele já critica as sátiras de Lucílio em suas próprias *Sátiras*, 1.4 e 1.10.

vv. 275-84: Pequena história do drama grego, desde sua suposta invenção feita por Téspis de Icária (*fl.* c. 610-550 a.C. na Ática) ao separar um ator do resto do coro e encenar em cima de uma carroça, como artista itinerante (Horácio é o único a nos dizer isso na Antiguidade, mas *dicitur* sugere que ele tirou isso de uma tradição hoje perdida); as caras com borra de vinho marcam sua vinculação com Baco ao mesmo tempo em que funcionam como máscaras numa τρυγῳδία ("canto da borra"). O trecho tem muitos pontos em comum com o resumo de Evâncio (*De fabula*, 1.2). Pulando tragediógrafos anteriores como Quérilo e Frínico, Horácio segue a tradição mais difundida e diz que Ésquilo teria inventado o uso da máscara (que é na verdade de origem imemorial) e determinado a veste como o pálio (σύρμα grego) e o calçado do coturno (que nunca foi usado na tragédia ateniense e tem origem posterior), além de estabelecer a tragédia num palco estável propriamente dito e de passar a usar uma linguagem mais elevada. Para Horácio, tal como para Evâncio, 1.4, a comédia viria pouco depois, antes dos outros tragediógrafos; no entanto ele não chega a comentar a etimologia ligada a κώμη (aldeia), κῶμος (*como*, um ritual orgiástico após o banquete) ou κωμάζειν (fazer um *como*), tal como vemos em Evâncio, 1.3: primeiro a Comédia Velha (com Aristófanes como maior expoente) que, por atacar diretamente os cidadãos atenienses, acabou sendo regulada (a presença de leis formais em Atenas ainda é discutida por especialistas) e transformada na Comédia Média (não mencionada por Horácio), até chegarmos à Comédia Nova (com Menandro sendo o mais notável), inteiramente ficcional, para evitar os ataques pessoais; cf. Evâncio (De fabula, 2.4-6) e Cícero (República, 4.11.5).

Camena é o nome romano para divindades similares às Musas gregas, também vinculadas a fontes e nascentes em geral. Em sua *Odysia*, Lívio Andronico parece ter sido o primeiro a traduzir as Musas por Camenas, criando assim a tradição literária que se repete.

v. 275: O verbo *inuenisse* ("inventou") está ligado a *inuenio* ("inventar") e também a *inuentio* ("invenção"). Ele designa em parte a "invenção" em sentido moderno, mas também a procura de algo preexistente em determinado local. É na segunda acepção, por exemplo, que *inuentio* figura na oratória, como ponto em que o orador procura e acha o que deve falar e como falar. O importante, ao fim e ao cabo, é guardar que o poeta que inventa algo, inventa porque acha esse algo já dado e ainda não visto; essa é a metáfora da invenção, similar ao "trovar" dos trovadores. É com o mesmo sentido que aparece *inuentum* ("inventado") no v. 377.

vv. 285-94: Pequena história do drama romano, com menos detalhes e nomes. O fundamental para Horácio é que alguns autores ousaram sair dos modelos gregos para tratar também de temas latinos, sobretudo históricos; dessa tradição a única peça sobrevivente é a *Octavia*, tradicionalmente atribuída a Sêneca, mas hoje considerada anônima, embora saibamos da existência de *Clastídio* de Névio, *Ambrácia* de Ênio, *Paulo* de Pacúvio e *Bruto* de Ácio, entre outras. É nessa categoria de peças em cenário romano que estão as pretextas (*praetextae*, roupa dos magistrados romanos) e as togadas (*togatae*, toga do cidadão) – nomes derivados do uso da toga pelos personagens, por oposição ao pálio grego das paliatas (*palliatae*). Por outro lado, o grande defeito romano é a falta de dedicação ao trabalho da lima, ou seja, à reescrita minuciosa, que é comparada à escultura; pois, quando se fala de "corrigir ao corte das unhas", o que está em jogo é o teste do tato (com unhas cortadas) na finalização da peça; a mesma suavidade e sensação de continuidade e unidade deve aparecer na poesia, cp. *Sátiras*, 1.5.32. A tópica da penúria da língua latina aparece em vários autores: Lucrécio (*Da natureza das coisas*, 1.133 e 832), Cícero (*Tusculanas*, 2.35) e posteriormente também em Quintiliano (*Instituição oratória*, 10.1.10 e 12.10.27), para citar apenas alguns exemplos.

Horácio chama seus interlocutores de sangue Pompílio (*Pompilius sanguis*) porque, segundo a tradição (Plutarco, *Numa*, 21),

Numa Pompílio, o segundo rei mítico de Roma, teria tido quatro filhos, um deles chamado Calpo, e este seria a origem da *gens* Calpúrnia, da qual faziam parte os Pisões.

v. 294: Sigo a maioria dos editores, com a variante *praesectum* (B C K V), enquanto Shackleton Bailey opta por outra variante também dos manuscritos (a R Ψ σχ) para *perfectum*.

vv. 295-304: Começa aqui a última parte, com a discussão mais voltada ao poeta (ποιητής, na divisão de Neoptólemo de Pário), que em muito pode ser vista como a divisão "orador" (*orator*) nos tratados de oratória (*ars oratoria*); uma boa comparação está no *Orador* de Cícero, que tem muitos pontos em comum com o que vemos na *Arte poética*. Chegamos a uma discussão central da obra, a falsa oposição entre talento inato (*ingenium*, φύσις em grego) e domínio da arte (*ars*, τεχνή em grego). Horácio parece participar de uma discussão de seu tempo da qual praticamente nada nos resta; em resumo, ele refuta os que julgavam que bastaria nascer poeta (e que assim assumiam a loucura aparente dos talentosos como modo de vida), para afirmar que, se talento é fundamental, nada se faz sem a prática e a técnica poética. A imagem do poeta louco ainda retornará para encerrar o poema. É de se notar ainda que, como não há o que transmitir sobre o talento, a tratadística geral e esta epístola em particular se voltam muito mais para os problemas da arte.

Segundo Cícero (*Da adivinhação*, 1.80), Demócrito de Abdera (séc. V-IV a.C.) em seu *Da poesia*, afirmava que ninguém poderia ser poeta sem ser louco, ou ao menos tomado de inspiração/possessão divina/entusiasmo e um espírito divino, que é bem o que encontramos em um fragmento (μετ' ένθουσιασμοῦ καὶ ἱεροῦ πνεύματος, frag. b.18 em Diels-Kranz); no entanto Rudd nos lembra que outros fragmentos comentam o trabalho artístico da poesia. Outra peça importante a favorecer o talento é a fala de Sócrates no *Fedro* de Platão, 245a, quando fala de possessão e loucura (κατοκωχή τε καὶ μανία) vindas das musas.

Hélicon é um monte da Beócia consagrado a Apolo e às Musas, que aparece tradicionalmente na poesia grega desde os *Trabalhos e dias* de Hesíodo. Antícira (aqui ironicamente multiplicada por três porque havia três cidades com o mesmo nome) era o lugar no golfo de Corinto em que se produzia heléboro, planta usada para tratar problemas mentais e, mais especificamente, melancolia, daí a referência à teoria dos quatro humores (sangue, bile amarela, bile negra, fleuma) vinculada à loucura (cf. *Sátiras*, 2.3.83); Horácio, inclusive, se mostra como bilioso e irascível em outros momentos de sua obra. Segundo Celso, 2.13.3, o melhor período para o tratamento da melancolia seria na primavera. Lícino, conforme os escoliastas, era um cabeleireiro famoso na época de Horácio; era no cabeleireiro que se faziam, além de barba e cabelo, também as unhas; com isso o poeta sugere que muitos tentavam dar ares de genialidade poética basicamente criando uma aparência que sugerisse loucura.

v. 303: Ao escrever *facere poemata* ("faria poemas"), Horácio brinca com a etimologia grega de *poema*, vinda do verbo ποιεῖν ("fazer").

vv. 304-6: O poeta aqui se apresenta apenas como o crítico, usando uma imagem derivada do orador ateniense Isócrates (séc. V-IV a.C.), segundo Plutarco (*Vida dos dez oradores*, 838e): ao lhe perguntarem como ele, que não era muito eloquente, poderia dar eloquência aos outros, respondeu, tal como uma pedra de afiar não corta, mas ainda assim afia o ferro (καὶ πρὸς τὸν ἐρόμενον διὰ τί οὐκ ὢν αὐτὸς ἱκανὸς ἄλλους ποιεῖ, εἶπεν ὅτι καὶ αἱ ἀκόναι αὐταὶ μὲν τεμεῖν οὐ δύνανται τὸν δὲ σίδηρον τμητικὸν ποιοῦσιν). A situação de não estar escrevendo (*nil scribens ipse*) costuma ser levada em consideração como dado biográfico e capaz de auxiliar na datação da obra (cf. introdução); no entanto, esse uso da passagem me convence pouco, ainda mais com o diálogo claro com a história de Isócrates. Mais razoável é ler que Horácio não escreve ele próprio poesia dramática, ou entender a passagem inteira como autoderrisão horaciana, que em brincadeira não considera a sátira e a epístola como poesia *stricto sensu*.

vv. 309-22: A fundamentação da prática num saber mais amplo aparece, por exemplo, em Cícero (*Orador*, 70), quando afirma que "a sapiência é o fundamento tanto da eloquência como das outras coisas" (*est eloquentiae sicut requarum rerum fundamento sapientia*). Nesse sentido, os "textos socráticos" não são uma referência específica a Platão, Xenofonte e Panécio, mas indicam em tom amplo as obras filosóficas, como Propércio (*Elegias*, 2.34.27-8); muito embora a divisão seja similar às *Memoráveis* de Xenofonte (amizade, amor aos pais, amor aos irmãos, dever do general, dever do senador). Seja como for, o resultado é que o saber da vida que se configura como virtude é também uma virtude da escrita, sobretudo para criar personagens verossímeis, partindo da ideia de que cada trabalho, idade, posição e origem produz um caráter diverso, e que a poesia, no pensamento peripatético, é imitação da vida (μίμησις βίου). Asim como na língua os sentimentos vêm primeiro (vv. 99-113), também o tema vem antes das palavras; nisso estamos mais uma vez diante do adágio de Catão: *rem tene, uerba sequuntur* ("detenha o assunto, que as palavras se seguem"), que dialogava com os vv. 38-41.

v. 319-20: Compreendo que *speciosa locis* tem o sentido de "trabalhada com relação às sentenças", no que diz respeito aos topos poéticos e filosóficos.

v. 320: Sigo a leitura dos manuscritos e da imensa maioria dos editores, *sine pondere et arte*, em vez da conjetura proposta pelo próprio Shackleton Bailey, *sed pondere inerti*. Entenda-se que Vênus (*Venere*, "atratividade"), peso (*pondere*, "impacto") e arte (*arte*, "técnica") são três atributos da escrita.

vv. 323-332: Mais uma vez Horácio contrapõe as práticas dos gregos e dos romanos; aqueles teriam um pendor natural para as artes e a retórica, marcada por talento e boca redonda (*ore rotundo* não como performance vocal, mas qualidade de perfeição do estilo); enquanto estes seriam mais voltados às minúcias da vida prática, exemplificada pelas contas com dinheiro (cf. Cícero, *Tusculanas*, 1.3-5, que é menos crítico aos romanos). Para entender a conta, basta saber que um asse valia doze onças. Pseudo-Acrão nos diz que Albino seria um agiota, mas nada sabemos sobre a figura. O romano com essa mentalidade nunca produzirá poesia digna de permanência, seja pela técnica de untar papiros com óleo de cedro, ou de os guardar em caixas de cipreste, para espantar traças (cf. Vitrúvio, *Da arquitetura*, 2.9.13, e Pérsio, *Sátiras*, 1.42).

v. 330: A cláusula hexamétrica em *cura peculi* certamente ecoa Virgílio (*Bucólicas*, 1.32): *nec spes libertatis erat, nec cura peculi* ("nem sonhar liberdade, nem o amor ao pecúlio"), quando Títiro descreve sua vida junto a Galateia. Opto pelo termo "pecúlio" em eco à solução partilhada no mesmo verso das traduções virgilianas de José Bonifácio (sob o pseudônimo de Américo Elísio), Odorico Mendes e Raimundo Carvalho.

vv. 333-46: Outra falsa oposição entre proveito (*prodesse/utile*) e deleite (*delectare/dulce*), que se resolve, como no caso de talento e arte, também pela união, num movimento que parece debitário a Neoptólemo de Pário, que os conceitua respectivamente como χρησιμολογεῖν e ψυχαγωγία. Ao mesmo tempo, dialoga com o pensamento de Cícero (*Tusculanas*, 2.7), quando afirma recusar toda lição sem deleite (*lectionem sine ulla delectatione neglego*). Ao dizer "seja qual for o preceito" (*quidquid praecipies*), Horácio parece sugerir que a passagem também poderia ser lida a respeito da poesia didática, embora nada mais confirme a hipótese. Nesse momento, o louvor à brevidade mais uma vez dialoga com a poética helenística de Calímaco, como vemos no epigrama 8 (*Antologia Palatina*, 9.566):

> Μικρή τις, Διόνυσε, καλὰ πρήσσοντι ποιητῇ
> ῥῆσις· ὁ μὲν 'νικῶ' φησὶ τὸ μακρότατον,
> ᾧ δὲ σὺ μὴ πνεύσῃς ἐνδέξιος, ἤν τις ἔρηται
> 'πῶς ἔβαλες;' φησί, 'σκληρὰ τὰ γιγνόμενα'.
> τῷ μερμηρίξαντι τὰ μὴ ἔνδικα τοῦτο γένοιτο
> τοῦτος· ἐμοὶ δ᾿, ὦναξ, ἡ βραχυσυλλαβίη.

> Breve é o discurso, ó Dioniso, do poeta
>   eloquente: se diz "Venci!", foi longo;
> porém se alguém pergunta a quem não inspiraste,
>   "Como é que foi?", responde "Foi bem mal".
> Mas que essa seja a frase só dos mais injustos,
>   e a mim, senhor, o microssilabar!

Para mesclar o útil ao doce (ou mesmo temperar o útil com o doce, se lermos *miscuit* como o verbo típico de diluir vinho em água) e ainda ser breve, é preciso fazer com que a peça circule bem entre os três regimes de discurso pós-aristotélico: as coisas de verdade (*ueris*, por vezes *fama*, como no v. 119, ἱστορία em grego), as verossímeis/ficcionais/forjadas (*ficta*, πλάσμα em grego), e o fabuloso extraordinário (*fabula*, μῦθος em grego num período tardio). É uma tripartição presente na *Retórica a Herênio*, 1.13 e em Cícero (*Da invenção*, 1.27) como: *historia* (factual), *argumentum* (ficção plausível) e *fabula* (ficção implausível). Diante da demanda por uma ficção plausível, é preciso fugir de relatos absurdos como os de Lâmia (originalmente uma rainha que teve seus filhos mortos por Juno, tornando-se uma espécie de bicho-papão do imaginário antigo), ainda mais com finais delirantes, como uma criança saindo inteira e viva de dentro de sua barriga.

A divisão entre proveito e deleite se dá também na cultura a partir de dois grupos bem demarcados. A centúria dos velhos aqui designa os homens com mais de 45 anos, a partir da divisão primitiva do povo romano feita por Sérvio Túlio, aqui representando os equestres com interesse apenas no proveito e no lucro. Já os ramnenses aqui representam os equestres jovens com menos de 30 anos, a partir do nome de uma das três tribos originais de Roma organizadas por Rômulo; com seu orgulho e ímpeto, eles buscam apenas o deleite. Como se fosse uma eleição, o poeta que agradar aos dois grupos levará todos os votos. Como resultado, os Sósias ganharam dinheiro com o livro (segundo Porfirião, eram dois irmãos, conhecidos livreiros da época) e o autor ganhou fama espalhada por tempo e espaço.

vv. 347-60: Aqui Horácio modula sua exigência: erros são incontornáveis, até Homero cochila, e, se poucos, serão perdoáveis. Segundo Quintiliano, 10.1.29, a imagem horaciana da crítica do cochilo já estaria em Cícero ao falar de Demóstenes, então estaríamos diante de uma reelaboração criativa da parte de Horácio. O poeta já tinha pedido algo do tipo para si mesmo em *Sátiras*, 1.3.70 ao falar do amigo que "pesa e repesa meus vícios e acertos" (*cum mea compenset uitiis bona*). Mas isso não quer dizer que se possa aceitar negligência, o que retoma o adágio latino: *bis perperam facere non uiri est sapientis* ("cometer duas vezes o mesmo erro não é coisa de sábio"). Por isso, ele começa com dois exemplos apolíneos do perdoável – o arco e a lira que Apolo traz consigo

—, e depois passa a dois exemplos fora da literatura: o copista que erra a mesma coisa sempre, mesmo avisado, e o citaredo que erra sempre a mesma corda da lira. Em comparação com a poesia, esses dois exemplos seriam similares ao poeta grego Quérilo de Iaso (séc. III a.C.), um pífio escritor de épica em louvor de Alexandre, o Grande; Quérlio também é criticado em *Epístolas*, 2.232 e ss., onde seus versos são descritos como *incultis* e *male natis*, ou seja, com contínuos erros de *elocutio* e de *inuentio*. Nessa série, Homero é perdoado apenas porque a obra longa permite mais erros que a peça concisa da poética horaciana. Marca disso é que em *Epístolas*, 2.1.235-7, as pequenas máculas não são perdoadas.

v. 349: É praticamente consenso editorial considerar este verso espúrio, em parte pela sintaxe que parece ligar diretamente 348 e 350, mas também porque funciona como mera glosa do v. 348. Embora eu não partilhe da desconfiança de Shackleton Bailey e prefira editar sem colchetes, como Garrod ou Fairclough, mantenho a edição daquele.

v. 360: "Deuses concedem" traduz o difícil conceito de *fas*, que é aquilo que pode ser dito e feito por autorização divina, por oposição ao *nefas*, aquilo que por lei divina não deve nem mesmo ser dito.

vv. 361-5: Um dos trechos mais conhecidos da *Arte poética*, por sua comparação entre a pintura e a poesia, retomando os vv. 6-7, talvez em diálogo com a comparação tradicionalmente atribuída a Simônides de Ceos (Plutarco, *Moralia*, 346f), que "chama a pintura de poesia silente, e a poesia de pintura falante" (τὴν μὲν ζωγραφίαν ποίησιν σιωπῶσαν προσαγορεύει, τὴν δὲ ποίησιν ζωγραφίαν λαλοῦσαν), comparando os modos das artes, ideia que é traduzida na *Retórica a Herênio*, 4.39. A comparação horaciana, contudo, é sobre os artefatos aproximados por determinado aspecto, e não sobre leis de composição; mais que isso, ela está incrustada na discussão sobre quais defeitos são perdoáveis na poesia; além disso, é um tanto enganosa, pois contrasta, na verdade, os modos como obras diversas da pintura podem agradar na diferença a partir de três critérios: proximidade x distância, sombra x luzes e curto x longo prazo; apenas no terceiro caso podemos dizer que a segunda obra é superior; ao passo que no segundo caso é possível supor que também a segunda obra saia na frente, pelos critérios horacianos; quanto ao primeiro caso, nada parece decidir.

vv. 366-78: Retornando ao cerne do tema que vem sendo desenvolvido, Horácio postula que a poesia, diferente de outros trabalhos puramente utilitários, não pode ser mediana na qualidade (ideia similar à de Cícero, *Do orador*, 1.118 e 259, e também *Bruto*, 195); o que nada tem a ver com a visão positiva *aurea mediocritas* horaciana ou com a μέσοτες aristotélica. A cena do banquete esclarece bem a relação: mel com semente de papoula era uma iguaria nos banquetes romanos (Plínio, *História natural*, 19.168), porém o mel sardo era amargo e de baixa qualidade; na visão de Horácio, esses acessórios de um banquete se assemelham à poesia e, tal como o perfume e a música, se não forem ótimos, é melhor nem tê-los. É singular que o poeta nesta passagem eleve o tom e se dirija aos mais velhos dos Pisões, o que de fato teria interesse em escrever dramas.

Marco Valério Messala Corvino foi orador e advogado de fama, bem como patrono de Tibulo (cf. *Sátiras*, 1.10.95 e *Odes*, 3.21), e Cascélio Aulo foi renomado jurista romano (cf. Valério Máximo, 6.2.12 e 8.12.1), ambos contemporâneos de Horácio, embora Cascélio, nascido em torno de 104 a.C., já devesse estar morto na época da composição do poema.

vv. 379-84: A comparação agora vai aos jogos e exercícios no Campo de Marte. O troco (*trochus*) era um círculo de metal girado com uma barra de ferro, de origem e gosto grego, tal como a bola e o disco. Tal como quem não sabe jogar não participa, também quem não sabe escrever deveria se calar. Mas escreve porque é um equestre rico, com mais de 400 mil sestércios, quando um trabalhador baixo ganharia cerca de mil sestércios por ano; como quem pode tudo, ele assume que também pode escrever poesia. Ele está enganado.

vv. 385-90: No caso da poesia, não basta poder e querer escrever; é preciso ter o dom de Minerva, deusa de várias artes, ou seja, o talento. A imagem de *inuita Minerua* aparece também em Cícero (*Dos deveres*, 1.110), onde é explicada: "contra Minerva, como se diz, quer dizer contra ou repugnando a natureza" (*inuita, ut aiunt, idest aduersante et repugnante natura*); por isso optei por verter como "sem aval de Minerva". No entanto Horácio mais uma vez não se demora no talento e volta aos conselhos da arte: é preciso guardar a obra e retocá-la até atingir a perfeição, porque, uma vez publicada, ela está solta e tem vida própria, independente dos desejos do autor. É claro que não devemos tomar ao pé da letra a duração dos nove anos; o número é apenas simbólico para designar um prazo longo, até porque o próprio Horácio nunca demorou tanto tempo com suas próprias obras. A famosa conclusão da passagem, de que "a voz lançada não volta" (*nescit uox missa reuerti*), ecoa dois trechos das *Epístolas*, 1.18.71 e 1.20.6

Espúrio Mécio Tarpa era um grande crítico literário e teatral contemporâneo, elogiado por Cícero (*Epístolas familiares*, 7.1.1); não sabemos se ele ainda estava vivo na época da composição do poema. Caio Hélvio Cina, um dos poetas novos (*poeta noui*, νεότεροι), segundo o testemunho de Catulo, 95.1-2 teria publicado seu epílio *Esmirna* apenas depois de guardá-lo e burilá-lo por nove anos. Ao eminente crítico, Horácio junta Pisão pai, num modo delicado de elogio, e a si mesmo.

vv. 391-407: Horácio relata as origens míticas da poesia. Primeiro Orfeu, ligado aos deuses, filho do humano Eagro com a musa Calíope, foi capaz de tirar os homens do estado de selvageria, além de domar as feras e atrair bosques com sua lira; ele também teria dado fim à antropofagia imemorial e até ensinado o vegetarianismo, daí o fim da dieta e da carnificina (cf. *Sátiras*, 1.3.95 e *Epístolas*, 2.1.126). Depois Anfíon, filho da humana Antíope com Júpiter, construiu as muralhas de Tebas usando a lira (a testude, lira feita com casco de tartaruga) para encantar as pedras, que iam sozinhas até seu novo lugar; enquanto Zeto, seu irmão, usava a força dos próprios braços (cf. *Odes*, 3.11.2 e *Epístolas*, 1.18.41). O poeta então conclui que a poesia foi uma espécie de legisladora e propagadora da virtude humana; a poesia estava, então, como parte do costume dos antepassados (*mos maiorum*), próxima da filosofia, como vemos também em Cícero (*Tusculanas*, 5.2.5). A ideia de vates divinos remonta à poesia homérica, onde lemos θεῖοι ἀοιδοί. É apenas depois do ciclo mítico que começa o mundo mais humano de Homero na épica, cuja *Ilíada* Alexandre levava sempre consigo (Plutarco, *Alexandre*, 8). Depois vem Tirteu na elegia bélica, com Homero fazendo os dois exemplares de poesia que educa para a vida na guerra. É precisamente o que vemos no tom moralizante e bélico do frag. 10 West de Tirteu:

> τεθνάμεναι γὰρ καλὸν ἐνὶ προμάχοισι πεσόντα
> ἄνδρ' ἀγαθὸν περὶ ἧι πατρίδι μαρνάμενον·
> τὴν δ' αὐτοῦ προλιπόντα πόλιν καὶ πίονας ἀγροὺς
> πτωχεύειν πάντων ἔστ' ἀνιηρότατον,
> πλαζόμενον σὺν μητρὶ φίληι καὶ πατρὶ γέροντι
> παισί τε σὺν μικροῖς κουριδίηι τ' ἀλόχωι.
> ἐχθρὸς μὲν γὰρ τοῖσι μετέσσεται οὕς κεν ἵκηται,
> χρησμοσύνηι τ' εἴκων καὶ στυγερῆι πενίηι,
> αἰσχύνει τε γένος, κατὰ δ' ἀγλαὸν εἶδος ἐλέγχει,
> πᾶσα δ' ἀτιμίη καὶ κακότης ἕπεται.

†εῖθ' οὕτως ἀνδρός τοι ἀλωμένου οὐδεμί' ὥρη
   γίνεται οὔτ' αἰδὼς οὔτ' ὀπίσω γένεος.
θυμῶι γῆς πέρι τῆσδε μαχώμεθα καὶ περὶ παίδων
   θνήσκωμεν ψυχ<έω>ν μηκέτι φειδόμενοι.
ὦ νέοι, ἀλλὰ μάχεσθε παρ' ἀλλήλοισι μένοντες,
   μηδὲ φυγῆς αἰσχρῆς ἄρχετε μηδὲ φόβου,
ἀλλὰ μέγαν ποιεῖτε καὶ ἄλκιμον ἐν φρεσὶ θυμόν,
   μηδὲ φιλοψυχεῖτ' ἀνδράσι μαρνάμενοι·
τοὺς δὲ παλαιοτέρους, ὧν οὐκέτι γούνατ' ἐλαφρά,
   μὴ καταλείποντες φεύγετε, τοὺς γεραιούς.

αἰσχρὸν γὰρ δὴ τοῦτο, μετὰ προμάχοισι πεσόντα
   κεῖσθαι πρόσθε νέων ἄνδρα παλαιότερον,
ἤδη λευκὸν ἔχοντα κάρη πολιόν τε γένειον,
   θυμὸν ἀποπνείοντ' ἄλκιμον ἐν κονίηι,
αἱματόεντ' αἰδοῖα φίλαις ἐν χερσὶν ἔχοντα —
   αἰσχρὰ τά γ' ὀφθαλμοῖς καὶ νεμεσητὸν ἰδεῖν,
καὶ χρόα γυμνωθέντα· νέοισι δὲ πάντ' ἐπέοικεν,
   ὄφρ' ἐρατῆς ἥβης ἀγλαὸν ἄνθος ἔχηι,
ἀνδράσι μὲν θηητὸς ἰδεῖν, ἐρατὸς δὲ γυναιξὶ
   ζωὸς ἐών, καλὸς δ' ἐν προμάχοισι πεσών.

ἀλλά τις εὖ διαβὰς μενέτω ποσὶν ἀμφοτέροισι
   στηριχθεὶς ἐπὶ γῆς, χεῖλος ὀδοῦσι δακών.

Pois morrer é belo, sim, ao cair na vanguarda
   o homem bom que assim vem pela pátria lutar;
se por acaso escapa da pólis e práticos campos
   pra mendigar sem pudor, seu sofrimento é maior,
e erra sem rumo seguido da mãe e do pai combalido,
   junto à prole menor, junto à esposa fiel.
Pois é figura odiosa a todos que chega e suplica,
   já que à miséria cedeu, ou à pobreza cruel;

sua raça se vexa, peja-se a forma fulgente,
   toda desonra virá, vários dos vícios virão.

É assim que um homem errante não ganha cuidado
   nem respeito pra si, nem para estirpe depois.
Vamos, coragem, lutemos então pela terra e a prole,
   deixem a alma pra lá, todos busquemos morrer!
Jovens, lutem firmes lado a lado em batalha,
   nunca fujam do fim nem por impuro pavor,
mas reforcem nas mentes o grande peito valente,
   larguem a alma, sim: com homens devemos lutar!
Nunca deixem os velhos de frágeis joelhos inágeis
   para fugirem por fim, nunca desertem o ancião.

Pois vergonhoso, sim, é ver cair na vanguarda
   o homem mais velho que assim tomba perante guris,
se ele revela grisalha a cabeça, branco na barba,
   quando expira seu peito valente no pó
e segura nas mãos o sexo coberto de sangue,
   vergonhoso de ver, cena obscena ao olhar,
todo o corpo desnudo; e tudo convém para o jovem
   quando ainda detém viços e forças em flor,
ganha a grande glória dos homens, o amor das mulheres
   quando ainda viver — belo em vanguarda se cai.

Mas agora vamos pisar estes pés vigorosos,
   mordam o lábio feroz, firmes fincados no chão!

Na sequência, Horácio lista os versos hexamétricos dos oráculos (em latim *sortes*, que decalquei), como o de Delfos. Depois parte para a poesia gnômica, que poderia incorporar os nomes de Hesíodo na épica, e Sólon, Focílides e Teógnis na elegia; nessa visão, Sólon chegou a legislar em verso. Passa pelos louvores de reis e tiranos como Hierão, Hiparco e Polícrates. Em seguida, os modos piérios fazem referência à poesia lírica coral de Píndaro, Baquílides, Simônides e monódica de Anacreonte. Por fim, chega ao drama ateniense. A conclusão da longa passagem é que a poesia não gera vergonha, mas participou sempre da construção da vida humana.

vv. 408-15: Retomando a falsa oposição entre talento e arte iniciada em v. 295, Horácio formula mais claramente a necessidade das duas coisas a partir de uma mediania positiva herdada de Aristóteles e de Neoptólemo de Pário. O talento natural precisa sempre ser aperfeiçoado pela prática e o domínio da arte; portanto, a questão está em fazer da poética um saber (cf. vv. 88 e ss.). Essa escolha mediana é a mesma que vemos em Cícero (*Em defesa de Árquias*, 15), e em Quintiliano (*Instituição oratória*, 2.19). E também é ela que subjaz às críticas de Ovídio à poesia de Ênio, com talento e sem arte (*Tristes*, 2.424) e à de Calímaco, sem talento e com arte (*Amores*, 1.15.14) Para confirmar o argumento, mais uma vez Horácio fala do aprendizado infantil com o esforço representando na vida abstêmia de álcool e sexo, no caso dos esportes (cp. *1 Coríntios* 9:24-5), e apela para o tibicino, que precisa ter domínio pleno derivado de estudos e exercícios para participar de grandes jogos, como os Jogos Pítios, ou Píticos, celebrados a cada quatro anos em Delfos para comemorar o mito de que Apolo matou a serpente Píton.

vv. 414-15: Shackleton Bailey incorpora uma sugestão de Brink (que este mesmo não põe em sua edição), *certat* em lugar de *cantat*, que aparece em todos os manuscritos, com o argumento de que o tibicino, já que toca seu instrumento de sopro, não pode cantar. A correção e a leitura, contudo, me parecem apenas simplificação dos possíveis usos conotativos do verbo cantar; por isso sigo os manuscritos e traduzo *cantat* por "canta", em vez de um pedestre "toca".

vv. 416-18: Shackleton Bailey é o único editor a pontuar a fala entre aspas com uma interrogação, trocando no v. 416 o *nunc* ("hoje", mantido por Villeneuve e Rostagni) pela partícula interrogativa *an*. A solução me parece forçada, por isso fico com o resto dos editores e aponho um ponto final; além disso, como Brink, Fedeli, Rudd e outros, sigo a variante *nec*.

"Quero que a sarna assanhe o último" (*occupet extremum scabies*), segundo Porfirião, é alusão à brincadeira de corrida das crianças; nela, o primeiro a chegar dizia *quisquis ad me nouissimus uenerit, habeat scabies* ("que tenha sarna o último que chegar em mim"). A frase cria um abismo com o autolouvor do verso acima, e finda em riso. No contexto, Horácio critica o modelo de escrita apressada e meramente competitiva como uma corrida; mas ao mesmo tempo, com típica ironia, incorpora a fala a si mesmo, já que ela pressupõe o corte brusco entre o poeta e o não poeta.

vv. 419-37: Na busca por bons leitores e críticos, iniciada em vv. 385-90, o poeta que tem dinheiro deve estar atento, porque os bajuladores aparecem e elogiam tudo para se dar bem; daí vem a comparação com os pregoeiros romanos, fazendo propaganda para melhor vender. Horácio então compara o bajulador, um tipo tratado por Teofrasto (*Caracteres*, 2) e recorrente na Comédia Nova, com os carpideiros, profissionais contratados para chorar nos funerais (a prática era mais feminina, mas Porfirião diz que havia homens carpideiros, θρηνῳδοί em Alexandria, além de uma possível prática derivada dos etruscos). O desafio, portanto, é descobrir quando o louvor é sincero e não marcado por segundas intenções. Uma tática é embebedar, como fariam os reis, para descobrir os súditos realmente fiéis (cf. Diodoro Sículo, *Biblioteca Histórica*, 20.63.1 e Plínio, *História natural*, 14.22.145).

José Feliciano de Castilho (Ovídio, 1858), traduziu com uma leveza impressionante apenas os v. 419-52, que aqui transcrevo atualizando ortografia:

> Poeta que tem quintas, que agiota,
> junta em redor de si aduladores
> ao cheiro do interesse arrebanhados,
> como nesses leilões, todos os dias,
> do pregoeiro à voz se agrega o povo.
> Pois se tem boa mesa! alma bizarra
> para pagar as dívidas de um pobre!
> poder que salve um mísero do foro!
> Para mim será mais que maravilha,
> se eu vir que é tão sagaz (ou tão ditoso),
> que entre esses falsos um leal distingue.
>
> Se hás dado ou prometido algum presente,
> não chames para ouvir tua poesia
> esse homem co'o teu mimo alvoroçado.
> O que ele te diria está sabido:
> "Lindo! bem! muito bem! maravilhoso!"
> A cada frase um pasmo; até lhe enxergo
> nos ternos olhos lágrimas de gosto;
> salta, bate co'os pés. Da mesma sorte
> que em funerais os pagos carpidores
> gritam e choram mais que os anojados,
> o escarneador trajado em lisonjeiro
> desbanca em fúria ao louvador sincero.
>
> Tenho ouvido que os reis, quando procuram
> reconhecer se um homem lhes merece

a confiança ou não, à mesa o provam;
a mesa é cavalete, e o vinho, tratos.
Poeta meu, cuidado com raposas.

Quintílio, se um poema te escutasse,
dizia-te: — "Emendar isto, mais isto".
Respondias-lhe tu: — "Já o hei tentado
duas vezes ou três; não foi possível".
— "Então, é riscar tudo e, novamente,
pôr na bigorna os deslimados versos."

Pobre de ti, se em vez de corrigires,
quisesses defender a tua inópia!
não lhe ouvias mais pio; era inimigo
de perder o seu tempo e o seu trabalho;
que te amasses a ti mais aos teus versos,
sem rival muito em paz.

              Varão sisudo,
honrado, entendedor, dá sem piedade
no verso inerte; ao duro não perdoa;
nos desornados, linha negra ao longo;
nos de ornato excessivo, é foice e poda;
manda aclarar o escuro, argui o ambíguo;
a quanto não vai bem carrega nota.
Faz-se novo Aristarco; e não é desses
que dizem: — "Castigar um pobre amigo,
por amor de tão pífias bagatelas!!...".
Bagatelas assim dão sérios males.
Ai de quem uma vez foi alvo a risos
e encontrou desasado acolhimento!

           Lisboa, fevereiro de 1859.

v. 421: Este verso é idêntico ao que lemos em *Sátiras*, 1.2.13, ao descrever Fufídio. Certamente, o deslocamento produz riso, já que o poeta rico é igualado a uma figura antes zombada por Horácio.

vv. 424-5: Horácio quebra no meio a palavra *inter-noscere* entre os dois versos, criando assim um efeito de divisão que emula o que está sendo dito. Efeito similar acontece em *Epístolas*, 2.2.93-4, também com efeito poético, e em dois momentos das *Sátiras*, 1.2.62-3 e 2.3.117-18.

v. 437: Brink, em seus comentários e variantes coloca *inter cruces* a expressão *animi sub uulpe*, mas não incorpora a dúvida ao texto; Shackleton Bailey é o único a questionar a passagem de fato em sua edição. O argumento é de que não aparece em lugar algum a "pele" da raposa, para expressar melhor a imagem; no entanto, apesar de a questão fazer sentido, sigo o resto dos editores, que confiam na passagem e traduzo o estranhamento da imagem como "ocultos sob a raposa". Para compreender a imagem concisa, basta lembrar que, pelo menos desde as *Fábulas* de Esopo, a raposa é representada como o símbolo da hipocrisia; cf. também Fedro (*Fábulas*, 1.13), onde a raposa engana o corvo, pedindo para que cante, porque admira sua voz, e este, crédulo, ao cantar deixa cair o queijo, que é roubado pela raposa.

vv. 438-52: Por contraposição ao bajulador, temos o exemplo do crítico amigo, que aponta os defeitos e até sugere jogar o poema fora, para assim ser um "homem bom" (*uir bonus*) segundo a ideia estoica de integridade; ideia similar aparece na definição do bom poeta segundo Estrabão como o homem bom (ἀγαθός ἀνήρ) e do bom orador segundo Catão, tal como nos relata Quintiliano (*Instituição oratória*, 12.1): *uir bonus, dicendi peritus* ("homem bom, perito em falar"). Com isso em mente, Horácio nos dá dois exemplos. O primeiro é Quintílio Varo, poeta de Cremona e amigo de Horácio e Virgílio; Horácio mesmo lamenta sua morte em *Odes*, 1.24, que se deu em 24 a.C.; portanto ele já estava morto bem antes da composição do poema. O segundo é Aristarco de Samotrácia (séc. II a.C.), bibliotecário de Alexandria; por ter eliminado interpolações e corrigido a transmissão do texto homérico, é aqui um exemplo da boa crítica, já que seria possível fazer algo análogo com o poema em construção e revisão de um poeta vivo (cf. Cícero, *Epístolas*, 10.10). A imagem do "cálamo transverso" (*transuerso calamo*) provavelmente remete ao ὀβέλος, marca diacrítica usada pelos filólogos gregos para indicar os versos espúrios, aqui indicando os versos ineficientes. É possível que a linha negra também faça referência ao símbolo da letra grega θ, que designava os condenados à pena capital, por derivar da palavra θάνατος ("morte", cf. Pérsio, *Sátiras*, 4.13).

O que "sem rival ama só a si próprio" é imagem proverbial para o narcisista, que aparece também em Cícero (*Epístolas a Quinto*, 3.8.4).

v. 438: Horácio faz menção à prática da *recitatio* (recitação ou récita) institucionalizada em Roma como uma espécie de pré-publicação. Nela, o poeta, ou um ator contratado, lia trechos de uma obra em curso para um público seleto, que então faria suas críticas; era portanto um momento crucial para trabalhar uma nova obra. No entanto, num mundo de grande força oral, a *recitatio* já podia fazer com que a obra começasse a circular para além do controle do poeta (cf. sobre prática similar nas artes plásticas em nota ao vv. 1-5).

v. 449: Horácio é um mestre da ambiguidade; claramente o que se critica aqui é o texto ambíguo inadvertidamente, ou simplesmente confuso.

vv. 453-76: O poema se encerra com o retrato do mau poeta, retomando em chave cômica as discussões da abertura e dos vv. 296 e ss. e 408 e ss., mas também a piada com a moda dos poetas ébrios, presente em *Epístolas*, 1.19. É interessante contrastar essa construção com a oposição feita por Cícero (*Do orador*, 3.55) entre o bom orador e o mau orador. Aqui ele é comparado com doentes e loucos (*uesanum poetam*, v. 455), para depois termos a história risível do passarinheiro que, na verdade, ecoa o trecho de Platão (*Teeteto*, 174a) em que se narra como o filósofo Tales de Mileto teria caído num poço enquanto olhava os astros; a mesma narrativa também aparece numa fábula de Esopo, 65, e a ideia se desdobrara no próprio Horácio (*Sátiras*, 2.3.56-60 e *Epístolas*, 2.2.135) como sinal de loucura. A segunda comparação cômica está com Empédocles de Agrigento, filósofo e poeta sículo (siciliano) do século V a.C., que por vezes se descrevia como figura divina entre os mortais (ἐγὼ δ'ὑμῖν θεὸς ἄμβροτος, frag. 112 Diels-Kranz); os seguidores de Empédocles diziam que ele tinha desaparecido subitamente, como num arrebatamento divino; enquanto os adversários diziam que ele teria fingido a divinização se jogando na lava do Etna, mas que o truque foi descoberto porque o vulcão devolvera suas sandálias (cf. Diógenes Laércio, 8.69). Nada impede que Empédocles, como Plínio, o Velho, tenha morrido de fato no vulcão enquanto o estudava. É importante notar que, embora Horácio sempre se vincule à filosofia, seu tratamento dos filósofos, sobretudo nos *sermones*, é constantemente irreverente; por isso o termo "frio" pode retomar ironicamente a própria filosofia de Empédocles (frag. A 77 Diels-Kranz), que afirmava que o sangue frio junto ao coração era sinal de embotamento e tolice.

Sarna (*scabies*) incluía uma série de doenças na pele, a pior delas sendo a lepra. A régia doença é icterícia, tinha esse nome porque seu tratamento era muito caro. Fanático (*fanaticus*) era o indivíduo devotado a um templo religioso (*fanum*), principalmente de divindades orientais como Cibele e Belona; somado ao erro, ele pode designar os loucos ou religiosos que vagam pelas ruas, por vezes como pedintes. Diana é representada como a Lua, daí que ser afetado por ela é um modo de designar o lunático (*lunaticus*, σεληνιακός).

Diante dessa figura louca e suicida, Horácio faz o papel de causídico e aponta três argumentos para não salvar o mau poeta. Em primeiro lugar, seria ilegal, porque equivale ao assassinato, já que vai contra o desejo da vítima; em segundo, é inútil, porque ele já se jogou no poço outras vezes e, portanto, vai se jogar de novo no futuro; em terceiro e último, é inoportuno, já que assim ele voltará a ler seus poemas em público, para sofrimento geral.

Ao fim do argumento, Horácio comenta o delírio do mau poeta e brinca sobre possíveis causas da doença/escrita: pode ter sido algum tipo de sacrilégio: urinar em tumbas era profano, pior ainda do próprio pai; o bidental era um lugar duas vezes atingido por raio e considerado sagrado, por isso não era possível pisar ali antes de rituais purificatórios que envolvia o sacrifício de ovelhas bidentes (com apenas dois dentes); quem pisasse ali corria o risco de ser afligido por uma loucura divina. Ao fim, ele é descrito como um urso (*ursus*) furioso tentando quebrar a jaula e, num movimento rápido e inesperado, termina como um sanguessuga (*hirudo*), imagem já presente em Teócrito (*Idílios*, 2.55-6) e Plauto (*Epídico*, 188); apesar de estranho à primeira vista, um procedimento similar já havia aparecido em *Epodos*, 12, onde o cão se desdobra em touro; mas aqui isso se soma ao fim brusco do poema.

v. 467: Este é o único verso de todos os *sermones* horacianos a terminar em espondeu, por isso emulei o ritmo. Rudd não consegue compreender o motivo dessa anomalia, mas creio que ela pode ser lida como metáfora da morte do próprio verso, deslocado de sua regra.

Bibliografia

Esta é a lista completa de obras que venho consultando desde 2010 para o estudo e a tradução das obras completas de Quinto Horácio Flaco. Como toda empreitada sobre um autor clássico da Antiguidade, permanecerá inacabada, por mais extensa que seja.

Edições críticas, traduções, comentários e escólios de Horácio e gramáticos e metricistas antigos

ALMEIDA FERRAZ, Bento Prado de. *Odes e Epodos*. Tradução e nota de Bento Prado de Almeida Ferraz; introdução de Antonio Medina Rodrigues; organização de Anna Lia Amaral de Almeida Prado. São Paulo: Martins Fontes, 2003.

BEKES, Alejandro. *Horacio: Odas*. Introducción, tradución y notas de Alejandro Bekes. Buenos Aires: Losada, 2005. Edición bilingüe.

BORGES, Joana Junqueira. *Marquesa de Alorna, tradutora de Horácio:* estudo e comentário da Arte poética. Araraquara: Unesp, 2018. Tese (Doutorado em Estudos Literários) – Pós-Graduação em Estudos Literários, Universidade Estadual Paulista, Araraquara, 2018.

BRINK, Charles Oscar. *Horace on Poetry III*: Epistles Book II, the letters to Augustus and Florus. Cambridge: Cambridge University, 1982.

BRINK, Charles Oscar. *Horace on Poetry II*: The Ars poetica. Cambridge: Cambridge University, 1971.

BRINK, Charles Oscar. *Horace on Poetry*: Prolegomena to the literary *Epistles*. Cambridge: Cambridge University, 1963.

CABRAL DE MELO, José Augusto. *Odes de Q. Horacio Flacco traduzidas em verso na lingua portugueza, por José Augusto Cabral de Melo*. Angra do Heroismo: Typ. Do Angrense, do Visconde de Bruges, 1853.

CÂMARA COUTINHO, D. *Gastão Fausto da. Paraphrase da epistola aos Pisões, commumente denominada* Arte poetica *de Quinto Horacio Flacco, com annotações sobre muitos lugares, por D. Gastão Fausto da Câmara Coutinho*. Lisboa: Typographia de José Baptista Morando, 1853.

CETRANGOLO, Enzio. *Quinto Orazio Flacco, Tutte le Opere*. Verzione, introduzione e note di Enzio Cetrangolo, con un saggio di Antonio La Penna. 3. ed. Firenze: Sansoni, 1989.

CLANCY, Joseph P. *The Odes and Epodes of Horace*: a new translation by Joseph P. Clancy. Chicago: The University of Chicago, 1960.

COSTA E SÁ, Joaquim José. *Arte poetica, ou epístola de Q. Horacio Flacco aos Pisões, vertida, e ornada no idioma vulgar com ilustrações, e notas para uso, e instrução da mocidade portugueza por Joaquim José da Costa e Sá*. Lisboa: Officina de Simão Thaddeo Ferreira, 1794.

CURRIE, Joseph. *Quinti Horatii Flacci Carmina:* The Works of Horace with English Notes – Part I. Carmina. Londres: J. M. Dent & Son, [S/d].

DOTTI, Ugo. *Orazio, Epistole e* Ars poetica. Traduzione e cura di Ugo Dotti. Milão: Feltrinelli, 2008.

DURIENSE, Elpino (Antonio Ribeiro dos Santos). *A lyrica de Q. Horacio Flacco, poeta romano, trasladada literalmente em verso portuguez por Elpino Duriense*. Lisboa: Imprensa Regia, 1807. Tomo I.

FALCÃO, Pedro Braga. *HORÁCIO: Epístolas*. Lisboa: Cotovia, 2017.

FALCÃO, Pedro Braga. *HORÁCIO: Odes*. Lisboa: Cotovia, 2008.

FEDELI, Paolo; CARENA, Carlo. *Q. Orazio Flacco – Le opere II*: Le Satire, L'Epistole e L'Arte Poetica. Testo critico di Paolo Fedeli, traduzione de Carlo Carena. Roma: Libreria dello Stato, 1997. 4 v.

GOWERS, Emily. *Horace, Satires, Book I*. Edited by Emily Gowers. Cambridge: Cambridge University, 2012.

HORÁCIO. *Arte poética*: Sátira I, 4; Epístolas II, 1 a Augusto; II, 2, a Floro; Epístola aos Pisões, ou ARTE POÉTICA. Introdução, tradução e comentário de R. M. Rosado Fernandes. 4. ed. Rev. e aum. Lisboa: Fundação Calouste Gulbenkian, 2012.

HORÁCIO. *Obras Completas*. Tradução de Elpino Duriense, José Agostinho de Macedo, Antônio Luiz Seabra e Francisco Antônio Picot. São Paulo: Cultura, 1941.

HORÁCIO. *Odas, Canto secular, Epodos*. Introducción general, traducción y notas de José Luis Moralejo. Madrid: Gredos, 2007.

HORÁCIO. *Sátiras, Epístolas, Arte poética*. Introducciones, traducción y notas de José Luis Moralejo. Madrid: Gredos, 2008.

HORATIUS OPERA. Edit. D. R. Shackleton Bailey. 4. ed. Leipzig: Teubner, 2001.

KEIL, Heinrich. *Grammatici Latini ex Recensione Henrici Keilii*. Lepizig: Teubner, 1864.

KIESSLING, Adolf; HEINZE, Richard. *Q. Horatius Flaccus, Oden und Epoden*. 13. ed. Zurique: Weidmann, 1968.

KILPATRICK, Ross S. *Q. Horatius Flaccus, Briefe*. 9. ed. Zurique, Weidmann, 1970.

KILPATRICK, Ross S. *The poetry of criticism:* Horace, *Epistles II and* Ars poetica. Edmonton: The University of Alberta, 1990.

KILPATRICK, Ross S. *The poetry of friendship:* Horace, *Epistles*. Edmonton: The University of Alberta, 1986.

LUSITANO, Cândido. *Arte poética de Q. Horacio Flacco, traduzida, e illustrada em Portuguez por Cândido Lusitano*. 2. ed. Lisboa: Officina Rollandiana, 1778.

MACEDO, José Agostinho de. *Obras de Horacio traduzidas em verso portuguez por José Agostinho de Macedo*. Os quatro livros das Odes, e Epodos. Lisboa: Imprensa Regia, 1806. Tomo I.

MACIEL, Bruno Francisco dos Santos. *O poeta ensina a ousar:* ironia e didatismo nas *Epístolas* de Horácio. Belo Horizonte: UFMG, 2017. Dissertação (Mestrado em Letras) – Faculdade de Letras, Universidade Federal de Minas Gerais, Belo Horizonte, 2017.

MACIEL, Bruno; MONTEIRO, Darla; AVELAR, Júlia; BIANCHET, Sandra (Orgs.). *Epistula ad Pisones*. Belo Horizonte: FALE/UFMG, 2013. (Ed. bilíngue.)

MANDRUZZATO, Enzo. Orazio: *Odi e Epodi*. Introduzione di Alfonso Traina, traduzione e note di Enzo Madruzzato 2. ed. Milano: Rizzoli, 1988.

MAYER, Roland. *Odes, Book I*. Edited by Roland Mayer. Cambridge: Cambridge University, 2012.

MICHIE, James. *The Odes of Horace*. Translated with an introduction by James Michie. Nova York: Penguin, 1967.

NISBET, R. G. M.; RUDD, Niall. *A Commentary on Horace*, Odes, *Book III*. Oxford: Oxford University, 2004.

NISBET, R. G. M.; HUBBARD, Margareth. *A Commentary on Horace*, Odes, *Book II*. Oxford: Oxford University, 1978.

NISBET, R. G. M.; HUBBARD, Margareth. *A Commentary on Horace*, Odes, *Book I*. Oxford: Oxford University, 1970.

NÓBREGA, Vandick Londres da. *A "Arte poética" de Horácio*. São Paulo: [s.n.], 1942.

NÓBREGA, Vandick Londres da. *A Commentary on Horace*, Odes, *Book 2*. Oxford: Oxford University, 1991.

NOVAK, Maria da Gloria; NERI, Maria Luiza (Orgs.). *Poesia lírica latina*. Introdução de Zélia Almeida Cardoso. 3. ed. São Paulo: Martins Fontes, 2003.

ORAZIO FLACCO, Quinto. *Le Opere*. Cura di Mario Ramous. Milano: Garzanti, 1988.

ORAZIO FLACCO, Quinto. *Odi Scelte e Il Carme Secolare*. Introduzione, cenni di metrica e commento di Alfredo Bartoli. Milão: Carlo Signorelli, [S.d].

PLESSIS, F.; LEJAY, F. *Horace*: Oeuvres. Texte latin. Publiés par F. Plessis et F. Lejay. 5 éd. révue. Paris: Hachette, 1912.

Q. HORATI FLACCI OPERA. Klingner, F. (Ed.). Leipzig: Teubner, 1959.

Q. HORATI FLACCI OPERA. Garrod, H. W. (Ed.). Oxford: Clarendon, 1901.

ROMANO, Elisa. *Q. Orazio Flacco – Le opere I*: Le Odi, Il Carme Secolare, Gli Epodi. Tomo secondo, commento di Elisa Romano. Roma: Libreria dello Stato, 1991.

ROQUE, Maria Luiza. *Horácio:* O Carme Secular e os Jogos Seculares em Roma. Brasília: Thesaurus, 2002. (Ed. bilíngue.)

ROSTAGNI, Alberto. *Arte poetica*. Introduzione e commento di A. Rostagni. Turim: [s.n.], 1930.

RUDD, Niall. *Horace,* Epistles, *Book II and* Epistle to the Pisones *("Ars poetica")*. Edited by Niall Rudd. Cambridge: Cambridge University, 1989.

RUDD, Niall. *Odes and Epodes*. Edited and translated by Niall Rudd. Londres: Harvard University, 2004 (LCL 33).

SCHRÖDER, Rudolf Alexander. *Die Gedichte des Horaz*. Deutsch von Rudolf Alexander Schröder. Wien: Phaidon, 1935.

SMITH, C. L. *The Odes and Epodes*. Edited by C. L. Smith. Boston: Ginn & Company, 1903.

SYNDIKUS, Hans Peter. *Die Lyrik des Horaz:* Eine Interpretation der Odes. Band I – Erstes und zweites Buch. Darmstadt: Wissenschaftliche Buchgesellschaft, 1972.

SYNDIKUS, Hans Peter. *Die Lyrik des Horaz*: Eine Interpretation der Odes. Band II – Drittes und viertes Buch. Darmstadt: Wissenschaftliche Buchgesellschaft, 1973.

THOMAS, Richard F. *Horace, Odes*. Book IV and *Carmen saeculare*. Cambridge: Cambridge University, 2011.

TRINGALI, Dante. *A* Arte poética *de Horácio*. São Paulo: Musa, 1993.

TRINGALI, Dante. *Horácio, poeta da festa:* Navegar não é preciso, 28 odes latim/português. São Paulo: Musa, 1995.

VELLOSO, Antonio Augusto. *Traducção litteral das Odes de Horacio por Antonio Augusto Velloso.* Revista por Augusto Versiani Velloso. 2.ed. Bello Horizonte: Graphica Queiroz Breyner, 1935.

VILLENEUVE, François. *Épitres.* Texte établi et traduit par F. Villeneuve. Paris: Les Belles Lettres, 1955.

VILLENEUVE, François. *Horace, tome 1: Odes et Épodes.* Texte établi et traduit par F. Villeneuve. Paris: Les Belles Lettres, 1946.

VOSS, Johann Heinrich. *Des Horazes Werke von Johann Heinrich Voss.* 3. ed. Braunschweig: Friedrich Vieweg, 1822. 2 v.

WEST, David. *Horace, Odes II: Vatis amici.* Text, translation and commentary by David West. Oxford: Clarendon, 1998.

WEST, David. *Horace, Odes III: Dulce periculum.* Text, translation and commentary by David West. Oxford: Clarendon, 2002.

WEST, David. Horace, *Odes I: Carpe diem.* Text, translation and commentary by David West. Oxford: Clarendon, 1995.

WICKHAM, Edward C. *The Works of Horace with a Commentary.* Oxford: Oxford University, 1891. 2 v.

WICKHAM, Edward C.; GARROD, H. W. *Q. Horati Flacci Opera.* Recognovit brevique adnotatione critica intruxit Eduardus C. Wickham, editio altera curante H. G. Garrod. Oxford: Oxford University, 1901.

WILKINS, A. S. *The Epistles of Horace.* [1885]. Edited with notes by Augustus S. Wilkins. Londres: Macmillan & Co. Ltd., 1955.

WILLIAMS, Gordon. *The third book of Horace's Odes.* Edited with translation and running commentary by Gordon Williams. Oxford: Oxford University, 1969.

Estudos e outras obras literárias

ACHCAR, Francisco. *Lírica e lugar comum:* alguns temas de Horácio e sua presença em português. São Paulo: Edusp, 1994.

ADAMS, J. N. *The Latin sexual vocabulary.* Baltimore: The Johns Hopkins University, 1982.

AGAMBEN, Giorgio. *Ideia da prosa.* Tradução de João Barrento. Belo Horizonte: Autêntica, 2012.

AGNOLON, Alexandre. *O catálogo das mulheres:* os epigramas misóginos de Marcial. São Paulo: Humanitas, 2010.

ALBERTE, Antonio. Coincidencias estético-literarias en la obra de Cicerón y Horacio. *Emerita*, v. 57, n. 1, p. 37-88, 1989.

ALI, Said. *Versificação portuguesa*. Prefácio de Manuel Bandeira. São Paulo: Edusp, 2006.

ALIGHIERI, Dante. *A divina comédia*. Tradução brasileira de José Pedro Xavier Pinheiro. Rio de Janeiro: Calçadense, 1956. (Ilustrada com 136 gravuras de Gustavo Doré.)

ALIGHIERI, Dante. *A divina comédia*. Tradução de Vasco Graça Moura. São Paulo: Landmark, 2005.

ALIGHIERI, Dante. *Divina Comédia*. Desenhos de Sandro Botticelli, tradução de José Trentino Ziller, apresentação de João Adolfo Hansen. Cotia: Ateliê, 2010.

ALIGHIERI, Dante. *Obras completas*. Contendo o texto original italiano e a tradução em prosa portuguesa. São Paulo: Editora das Américas, 1958. 10 v.

AMBROSE, J. W. The ironic meaning of the Lollius Ode. *Transactions of the American Philological Association*, v. 96, p. 1-10, 1965.

AMÉRICO ELÍSIO (José Bonifácio). *Poesias*. Rio de Janeiro: Imprensa Nacional, 1946.

ANTUNES, C. Leonardo B. *Metro e rítmica nas* Odes Píticas *de Píndaro*. São Paulo: USP, 2013. Tese (Doutorado em Letras Clássicas) – Universidade de São Paulo, São Paulo, 2013.

ANTUNES, C. Leonardo B. *Ritmo e sonoridade na poesia grega antiga*: uma tradução comentada de 23 poemas. São Paulo: Humanitas/Fapesp, 2011.

ARMSTRONG ET ALII (Eds.). *Vergil, Philodemus, and the Augustans*. Austin: University of Texas, 2004.

ARMSTRONG, David. Horace's *Epistles* 1 and Philodemus. In: ARMSTRONG ET ALII (Eds.). *Vergil, Philodemus, and the Augustans*. Austin: University of Texas, 2004. p. 267-98.

ARMSTRONG, David. The Impossibility of Metathesis: Philodemus and Lucretius on Form and Content in Poetry. In: OBBINK, Dirk (Ed.). *Philodemus and Poetry*: Poetic Theory and Practice in Lucretius, Philodemus and Horace. Oxford: Oxford University, 1995. p. 210-232.

ASMIS, Elizabeth. Neoptolemus and the Classification of Poetry. *Classical Philology*, v. 87, n. 3, p. 206-231, 1992.

ASPER, Markus. Mathematics and Poetry in Hellenistic Alexandria. *The Classical Review*, n. 63, p. 75-77, 2013.

BAKHTIN, Mikhail. *Estética da criação verbal*. Tradução de Paulo Bezerra. 4. ed. São Paulo: Martins Fontes, 2003.

BARCHIESI, Alessandro. Odes *and* Carmen Saeculare. In: HARRISON, Stephen (Ed.). *The Cambridge Companion to Horace*. Cambridge: Cambridge University, 2007. p. 144-161.

BARTH, Pudentiana; RITSCHER, M. Immaculata; SCHMIDT-GÖRG, Joseph (Orgs.). *Hildegard von Bingen* – Lieder. Salzburgo: Otto Müller, 1969.

BARTHES, Roland. *O prazer do texto*. Tradução de J. Guinsburg. 3. ed. São Paulo: Perspectiva, 2002.

BARTHES, Roland. *O rumor da língua*. Tradução de Mario Laranjeira, prefácio de Leyla Perrone-Moisés. São Paulo: Brasiliense, 1988.

BEARD, Mary; NORTH, John; PRICE, Simon. *Religions of Rome:* v. 1, A History. Cambridge: Cambridge University, 1998.

BEARD, Mary; NORTH, John; PRICE, Simon. *Religions of Rome:* v. 2, A Sourcebook. Cambridge: Cambridge University, 1998.

BENEDIKTSON, D. Thomas. *Propertius, Modernist Poet of Antiquity.* Edwardsville: Southern Illinois University, 1989.

BENJAMIN, Walter. *Obras escolhidas II: Rua de mão única*. Tradução de Rubens Rodrigues Torres Filho e José Carlos Martins Barbosa. 5.ed. São Paulo: Brasiliense, 1995.

BENVENISTE, Émile. *Problemas de linguística geral I.* Tradução de Maria da Glória Novak e Maria Luiza Neri. 2. ed. Campinas: Pontes/ Unicamp, 1988.

BERMAN, Antoine. *A tradução e a letra*: ou o albergue do longínquo. Tradução de Marie-Helène Catherine Torres, Mauri Furlan e Andréia Guerini. Rio de Janeiro: 7Letras, 2007.

BETTINI, Maurizio. *Vertere:* una antropologia della traduzione nella cultura antica. Torino: Einaudi, 2012.

BLANCHOT, Maurice. *O livro por vir*. Tradução de Leyla Perrone-Moisés. São Paulo: Martins Fontes, 2005.

BLONDELL, Ruby. Letting Plato Speak for Himself: character and method in the *Republic*. In: PRESS, Gerald A. *Who Speaks for Plato: Studies in Platonic Anonymity.* Lanham: Rowman and Littlefield, 2000. p. 127-46.

BLOOM, Harold. *The Anxiety of Influence:* A Theory of Poetry. Londres: Oxford University, 1973.

BONFANTE, Giuliano. *La lingua parlata in Orazio*. [1937]. Prefazione di Nicholas Horsfall, traduzione dallo spagnolo di Manuel Vaquero Piñeiro. Venosa: Osanna Venosa, 1994.

BORGES, Jorge Luis. Las versiones homéricas. *Ilha do desterro*, Florianópolis: UFSC, 1. sem., n. 17, p. 93-99, 1987.

BORGES, Jorge Luis. Pierre Menard, autor del *Quijote*. In: *Ficcionario:* una antología de sus textos. Ed. intro. y notas de Emir Rodríguez Monegal. México: Fondo de Cultura Económica, 1992.

BRAUND, Susanna Morton. *Latin literature*. Londres: Routledge, 2002.

BRIGHT, David F. *Haec mihi fingebam*: Tibullus in his World. Leiden: E. J. Brill, 1978.

BROSE, Robert. *Epikomios Hymnos:* investigação sobre a performance dos epinícios pindáricos. São Paulo: USP, 2014. Tese (Doutorado em Letras Clássicas) – Faculdade de Filosofia, Letras e Ciências Humanas, Universidade de São Paulo, São Paulo, 2014.

BRUNET, Philippe (Éd.). Tradition du patrimoine antique – Homère en hexamètres: rencontre internationale de traducteurs, Paris, 26 mars, 2012. *Anabases*, Paris, p. 69-290, 2014.

BRUNET, Philippe (éd.). *L'égal des dieux*. Cent versions d'un poème recueillies par Philippe Brunet. Paris: Allia, 1998.

BRUNET, Philippe. Principes de scansion de l'hexamètre en français. *Anabases*. Paris, p. 121-36, 2014.

BRUNET, Philippe. Mètre et danse: pour une interprétation choréographique des mètre grecs. In: CASTALDO, D.; GIANNACHI, F. G.; MANIERI, A. *Poesia, musica e agoni nella Grecia antica*: Atti del IV convegno internazionale de ΜΟΙΣΑ. Lecce: Congedo, 2011. tomo II, p. 555-71.

BRUNET, Philippe. *La naissance de la littérature dans la Grèce ancienne*. Paris: Le Livre de Poche, 1997.

BÜCHNER, Karl. Das poetische in der Ars poeta des Horaz. *Studien zur römischen Literatur*, Wiesbaden, v. 10, p. 131-47, 1979.

BÜCHNER, Karl. *Sextus Propertius*: The Augustan Elegist. Cambridge: Cambridge University, 2006.

BUENO, Alexei. *Uma história da poesia brasileira*. Rio de Janeiro: Ermakoff, 2007.

CAIRNS, Francis. *Generic Composition in Greek and Roman Poetry*. Edimburgo: Edinbugh University, 1972.

CAMPION, Thomas. *Observations in the Art of English Poesie*. Oregon: Renaissance, 1998.

CAMPOS, Augusto de. *Invenção*: de Arnaut e Raimbaut a Dante e Cavalcanti. São Paulo: Arx, 2003.

CAMPOS, Augusto de. *Música de invenção*. São Paulo: Perspectiva, 1998.

CAMPOS, Augusto de. *Quase Borges*: 20 transpoemas e uma entrevista. São Paulo: Terracota, 2013.

CAMPOS, Haroldo de. Semiótica como prática e não como escolástica. In: *Depoimentos de oficina*. São Paulo: Unimarco, 2002. (Entrevista.)

CAMPOS, Haroldo de. A Obra de Arta Aberta. In: CAMPOS, Augusto de; CAMPOS, Haroldo de; PIGNATARI, Décio. *Teoria da poesia concreta:* textos críticos e manifestos, *1950-1960*. São Paulo: Brasiliense, 1987.

CAMPOS, Haroldo de. A transcriação do Fausto. *Suplemento de Cultura d'O Estado de São Paulo*, ano II, n. 62, p. 13-15, 1981.

CAMPOS, Haroldo de. Da tradução à transficcionalidade. *34 Letras*, n. 3, p. 82-101, 1989.

CAMPOS, Haroldo de. Da tradução como criação e como crítica. In: *Metalinguagem e outras metas*: ensaios de teoria e crítica literária. São Paulo: Perspectiva, 2004.

CAMPOS, Haroldo de. Luz: a escrita paradisíaca. In: ALIGHIERI, Dante. *Seis cantos do Paraíso*. Recife: Gastão de Holanda, 1976.

CAMPOS, Haroldo de. *A arte no horizonte do provável*. São Paulo: Perspectiva, 1972.

CAMPOS, Haroldo de. *Bere'shith*: a cena da origem (e outros estudos e poética bíblica). São Paulo: Perspectiva, 1993.

CAMPOS, Haroldo de. *Deus e o diabo no* Fausto *de Goethe*. São Paulo: Perspectiva, 1981.

CAMPOS, Haroldo de. *Éden*: um tríptico bíblico. São Paulo: Perspectiva, 2004.

CAMPOS, Haroldo de. *Hagoromo de Zeami*: o charme sutil. São Paulo: Liberdade, 1994.

CAMPOS, Haroldo de. *Haroldo de Campos:* Transcriação. In: TÁPIA, Marcelo; NÓBREGA, Thelma (Orgs.). São Paulo: Perspectiva, 2013.

CAMPOS, Haroldo de. *Mênis:* A ira de Aquiles (Canto I da *Ilíada* de Homero). São Paulo: Nova Alexandria, 1994.

CAMPOS, Haroldo de. *Os nomes e os navios, Homero* (Canto II da *Ilíada*). Tradução de Odorico Mendes. Rio de Janeiro: Sette Letras, 1999.

CAMPOS, Haroldo de. *Qohélet = O-que-sabe: Eclesiastes: poema sapiencial*. [1990]. Com uma colaboração especial de J. Guinsburg. São Paulo: Perspectiva, 2004.

CARDOSO, Leandro Dorval. *A vez do verso:* estudo e tradução do *Amphitruo* de Plauto. Curitiba: UFPR, 2012. Dissertação (Mestrado em Letras), Setor de Ciências Humanas, Letras e Artes, Programa de Pós-Graduação em Letras, Universidade Federal do Paraná, Curitiba, 2012.

CARDOZO, Mauricio Mendonça. Tradução e o trabalho de relação: notas para uma poiética da tradução. In: PIETROLUNGO, Márcia Atálla (Org.). *O trabalho da tradução*. Rio de Janeiro: Contra Capa, 2009. p. 181-8.

CARDOZO, Mauricio Mendonça. Tradução, apropriação e o desafio ético da relação. In: OLIVEIRA, Maria Clara Castellões de; LAGE, Verônica Lucy Coutinho (Orgs.). *Literatura, crítica, cultura I*. Juiz de Fora: UFJF, 2008. p. 179-90.

CARRUBBA, R. W. The Technique of Double Structure in Horace. *Mnemosyne*, v. 20, p. 68-75, 1967.

CARVALHO, Amorim de. *Tratado de versificação portuguesa*. Lisboa: Edições 70, [S.d].

CARVALHO, Raimundo. *Virgílio: Bucólicas*. Belo Horizonte: Crisálida, 2005. (Edição bilíngue.)

CASSIN, Barbara. *O efeito sofístico:* sofística, filosofia, retórica, literatura. Tradução de Ana Lúcia de Oliveira, Maria Cristina Franco Ferras e Paulo Pinheiro. São Paulo: 34, 2005.

CAUER, Paul. Zur Abgrenzung und Verbindung der Theile in Horazens Ars Poetica. *Rheinisches Museum*, LXI, 1906, p. 232-243.

CAVALLO, Guglielmo; FEDELI, Paolo; GIARDINA, Andrea (Eds.). *Properzio, elegie libro II*. Introduzione, testo e commento di Paolo Fedeli. Cambridge: Francis Cairns, 2005.

CAVALLO, Guglielmo; FEDELI, Paolo; GIARDINA, Andrea (Orgs.). *Espaço literário da Roma antiga*: v. I. Tradução de Daniel Peluci Carrara e Fernanda Messeder Moura. Belo Horizonte: Tessitura, 2010.

CESILA, Robson Tadeu. Intertextualidade e estudos clássicos. In: SILVA, Gilvan Ventura da; LEITE, Leni Ribeiro. *As múltiplas faces do discurso em Roma:* textos, inscrições, imagens. Vitória: Edufes, 2013. p. 11-23.

CHOCAY, Rogério. *Teoria do verso*. São Paulo: McGraw-Hill do Brasil, 1974.

CLAYMAN, Dee L. *Callimachus'* Iambi. Leiden: E. J. Brill, 1980.

CLIFFORD, James. *A experiência etnográfica*: antropologia e literatura no século XX. Organização de José Reginaldo Santos Gonçalves, tradução de Patrícia Farias. 4. ed. Rio de Janeiro: UFRJ, 2014.

COHN, Sergio (Org.). *Roberto Piva*. São Paulo: Azougue, 2010.

COLLINGE, N. E. *The Structure of Horace's Odes*. Londres: Oxford,1961.

COMMAGER, Steele. *The Odes of Horace*: A Critical Study. Norman: University of Oklahoma, 1962.

COMOTTI, Giovanni. *Music in Greek and Roman Culture*. Translated by Rosaria V. Munson. Baltimore: The John Hopkins University, 1991.

COMPAGNON, Antoine. *O demônio da teoria*: literatura e senso comum. Tradução de Cleonice Paes Barreto Mourão e Consuelo Fortes Santiago. 2. ed. Belo Horizonte: UFMG, 2010.

CONTE, Gian Biagio; BARCHIESI, Alessandro. Imitação e arte alusiva: modos e funções da intertextualidade. In: CAVALLO, Guglielmo; FEDELI, Paolo; GIARDINA, Andrea (Orgs.). *Espaço literário da Roma antiga*: v. 1. Tradução de Daniel Peluci Carrara; Fernanda Messeder Moura. Belo Horizonte: Tessitura, 2010. p. 87-121.

CONTE, Gian Biagio. *Generi e lettori*: Lucrezio, l'elegia d'amore, l'enciclopedia di Plinio. Milão: Mondadori, 1991.

CONTE, Gian Biagio. *The Rhetoric of Imitation*: genre and poetic memory in Virgil and Other Latin Poets. Translated by Charles Segal. Ithaca: Cornell University, 1986.

CORRÊA, Paula da Cunha *et alii*. *Hyperboreans*: Essays in Greek and Latin Poetry, Philosophy, Rhetoric and Linguistics. São Paulo: Humanitas, 2012.

CORREIA GARÇÃO, Pedro Antônio. *Obras poeticas de Pedro Antonio Correa Garção, dedicadas ao illustrissimo, e excelentíssimo senhor D. Thomaz de Lima e Vasconcellos Brito Nogueira Telles da Silva, Visconde de Villa Nova da Cerveira, Ministro e Secretario de Estado dos Negocios do Reino, etc., etc. etc.* Lisboa: Regia Officina Typografia, 1778.

COSTA LIMA, Luiz (Org.). *Teorias da literatura em suas fontes*. Rio de Janeiro: Francisoc Alves, 1983. 2 v.

COSTA LIMA, Luiz. *A ficção e o poema*: Antonio Machado, W. H. Auden, P. Celan, Sebastião Uchoa Leite. São Paulo: Companhia das Letras, 2012.

COSTA, C. D. N. (Ed.) *Horace*. Londres: Routledge and Kegan Paul, 1973.

DACIER, André. *Oeuvres d'Horace en latin et en françois*. Amsterdam: Frères Wetstein, 1727.

DAVIS, Gregson. *Polyhymnia*: The Rhetoric of Horatian Lyric Discourse. Berkeley: University of California, 1991.

DE GUBERNATIS, M. Lenchantin. *Manual de prosodia y métrica griega*. Traducción de Pedro C. Tapia Zúñiga. México D.F.: Universidad Nacional Autónoma de México, 2001.

DELEUZE, Gilles; GUATTARI, Félix. *Mil platôs*: capitalismo e esquizofrenia, v. 1. Tradução de Ana Lúcia de Oliveira. São Paulo: 34, 1995.

DELEUZE, Gilles. *Logique du sens*. Paris: Minuit, 1969.

DERRIDA, Jacques. *A escritura e a diferença*. Tradução de Maria Beatriz da Silva. São Paulo: Perspectiva, 1971.

DERRIDA, Jacques. *Limited inc*. Tradução de Constança Marcondes Cesar. Campinas: Papirus, 1991.

DESBORDES, Françoise. *Concepções sobre a escrita na Roma antiga*. Tradução de Fulvia M. L. Moretto; Guacira Marcondes Machado. São Paulo: Ática, 1995.

DETTMER, Helena. *Horace: A Study in Structure*. Hildesheim/Nova York: Olms/Weidemann, 1983.

DEVINE, A. M.; STEPHENS, Laurence D. *Latin word order*: Structured Meaning and Information. Oxford: Oxford University, 2006.

DRAHEIM, Joachim; WILLE, Günther. *Horaz-Vertonungen von Mittelalter bis zur Gegenwart*: eine Anthologie. Amsterdã: Grüner, 1985.

DUCKWORTH, George. *Animae dimidium meae*: Two Poets. *Transactions of the American Philological Association*, n. 87, p. 281-316, 1956.

DUNBABIN, Katherine M. D. *Mosaics of the Greek and Roman World*. Cambridge: Cambridge University, 1999.

DUPONT, Florence. *Aristote ou le vampire du théâtre occidental*. Paris: Aubier, 2007.

ECO, Umberto. *A estrutura ausente*: introdução à pesquisa semiológica. Tradução de Pérola de Carvalho. São Paulo: Perspectiva, 2012.

ECO, Umberto. *As formas do conteúdo*. Tradução de Pérola de Carvalho. 3. ed. São Paulo: Perspectiva, 2010.

ECO, Umberto. *Interpretação e superinterpretação*. Tradução de MF. 2. ed. São Paulo: Martins Fontes, 2005.

ECO, Umberto. *Lector in fabula*: a cooperação interpretativa nos textos narrativos. Tradução Attílio Cancian. 2. ed. São Paulo: Perspectiva, 2011.

ECO, Umberto. *Obra aberta: forma e indeterminação nas poéticas contemporâneas*. Tradução de Giovanni Cutolo. São Paulo: Perspectiva, 2010.

ECO, Umberto. *Os limites da interpretação*. trad. Pérola de Carvalho. 7.ed. São Paulo: Perspectiva, 2012.

ECO, Umberto. *Quase a mesma coisa*: experiências de tradução. Tradução de Eliana Aguiar. Rio de Janeiro/São Paulo: Record, 2007.

ECO, Umberto. *Tratado geral de semiótica*. Tradução de Antônio de Pádua Danesi e Gilson Cesar Cardoso de Souza. 5. ed. São Paulo: Perspectiva, 2014.

EINSTEIN, Carl. *Negerplastik [Escultura negra]*. Organização de Liliane Meffre, tradução de Fernando Scheibe e Inês de Araújo. Florianópolis: UFSC, 2001.

EISENBERGER, Friedrich. Bilden die horazischen Oden 2, 1-12 eiden Zyklus? *Gymnasium*, n. 87, p. 262-74, 1980.

FAIRCLOUGH, H. Rushton. *Horace: Satires, Epistles and Ars Poetica*. With an English translation by H. Rushton Fairclough. Cambridge: Harvard University, 1929.

FANTHAM, Elaine. *Roman literary culture*: from Cicero to Apuleius. Baltimore: The Johns Hopkins University, 1996.

FEDELI, Paolo. As interseções dos gêneros e dos modelos. In: CAVALLO, Guglielmo; FEDELI, Paolo; GIARDINA, Andrea (Orgs.). *Espaço literário da Roma antiga*: v. 1. Tradução de Daniel Peluci Carrara e Fernanda Messeder Moura. Belo Horizonte: Tessitura, 2010. p. 393-416.

FINNEGAN, Ruth H. (Ed.). *The Penguin Book of Oral Poetry*. Londres: Penguin, 1982.

FINNEGAN, Ruth H. *Oral poetry*: its nature, significance and social context. Cambridge: Cambridge University, 1977.

FISKE, George Converse. Lucilius, the Ars poetica of Horace, and Persius. *Harvard Studies in Classical Philology*: Harvard University, v. 24, p. 1-36, 1913.

FLORES, Enrico. *Livi Andronici Odusia*. Introduzione, edizione critica e versione italiana. Nápoles: Liguori, 2011.

FLORES, Guilherme Gontijo. Baquílides, *Ode 18*: Teseu chega a Atenas. *Letras Clássicas*, v. 10, p. 169-74, 2006.

FLORES, Guilherme Gontijo. Bertran de Born e o amor à guerra. In: IPIRANGA JÚNIOR; Pedro, GARRAFFONI; SENNA, Renata; BURMESTER, Ana Maria (Orgs.). *Do amor e da guerra*: um itinerário de narrativas. Prefácio de Anamaria Filizola. São Paulo: Annablume; Brasília: Capes, 2014a, p. 199-225.

FLORES, Guilherme Gontijo. Épica, lirica e tragédia nas *Argonáuticas* de Apolônio de Rodes. *Organon*, Porto Alegre: UFRGS, n. 49, v. 24. 2010.

FLORES, Guilherme Gontijo. *Uma poesia de mosaicos nas Odes de Horácio: comentário e tradução*. Tese de doutorado em Estudos Clássicos. São Paulo, USP, 2014b.

FLORES, Guilherme Gontijo. Tradutibilidades em Tibulo. *Scientia traductionis*, n. 10, 2011. Disponível em: <bit.ly/2FliJon>. Acesso em 1 de maio de 2013.

FLORES, Guilherme Gontijo. *A diversão tradutória*: uma tradução das *Elegias* de Sexto Propércio. Belo Horizonte: UFMG, 2008. Dissertação (Mestrado em Letras) – Faculdade de Letras, Universidade Federal de Minas Gerais, Belo Horizonte, 2008.

FOUCAULT, Michel. Qu'est-ce qu'un auteur? In: *Philosophie*: anthologie. Paris: Gallimard, 2004. p. 290-318.

FOUCAULT, Michel. *L'Ordre du Discours*. Paris: Gallimard, 1970.

FOWLER, Barbara Hughes. *The Hellenistic aesthetic*. Madison: University of Wisconsin, 1989.

FRAENKEL, Eduard. *Horace*. Oxford: Oxford University, 1957.

FURLAN, Mauri. Tradução romana: suplantação do modelo. *Nuntius antiquus*. n. 6, p. 83-92, 2010.

FURLAN, Mauri. *Ars traductoris*: questões de leitura-tradução da *Ars poetica* de Horácio. Florianópolis: UFSC, 1998. Dissertação (Mestrado Literatura) – Curso de Pós-Graduação em Literatura, Universidade Federal de Santa Catarina, Florianópolis, 1998.

GANTAR, Kajetan. Die Archytas-Ode und ihre Stelung im dichterinschen Werk des Horaz. *Grazer Beiträge*, n. 11, p. 121-39, 1984.

GATTI, Ícaro Francesconi. *A Crestomatia de Proclo*: tradução integral, notas e estudo da composição do códice 239 da Biblioteca de Fócio. São Paulo: USP, 2012. Dissertação (Mestrado em Letras Clássicas) – Faculdade de Filosofia, Letras e Ciências Humanas, Universidade de São Paulo, São Paulo, 2012.

GEDEA ARTE: Enciclopedia Universale dell'Arte. Novara: Istituto Geografico de Agostini, 1999. 18 v.

GOLDBERG, Simon M. *Constructing Literature in the Roman Republic*. Cambridge: Cambridge University, 2005.

GOLDEN, Leon. Commentary to the *Ars poetica*. In: HARDISON, O. B.; GOLDEN, Leon (Eds.). *Horace for Sudents of Literature: The "Ars poetica" and its Tradition*. Gainesville: University Press of Florida, 1995, p. 23-41.

GOLDHILL, Simon. Who's afraid of literary theory. In: BRAUND, Susanna Morton. *Latin Literature*. Londres: Routledge, 2002. p. 277-87.

GOMES, João Alexandre Straub. *A representação da melancolia nas Ayres de John Dowland*. Curitiba: UFPR, 2015. Dissertação (Mestrado em música) – Programa de Pós-Graduação em Música, Universidade Federal do Paraná, Curitiba, 2015.

GONÇALVES, José Miguel Tomé. *Callida iunctura*. *Ágora: Estudos Clássicos em debate*. Aveiro: Universidade de Aveiro, n. 9, p. 75-97, 2007.

GONÇALVES, Rodrigo Tadeu. Comédia Latina: a tradução como reescrita do gênero. *Phaos, Revista de Estudos Clássicos*, n. 9, p. 117-42, 2009. Disponível em: <bit.ly/33Sqzza>. Acesso em: 1 set. 2013.

GONÇALVES, Rodrigo Tadeu. L'hexametre en portugais. *Anabases*, Paris, p. 151-64, 2014.

GONÇALVES, Rodrigo Tadeu. Traduções polimétricas de Plauto: em busca da polimetria plautina em português. *Scientia traductionis*, n. 10, p. 214-29, 2011. Disponível em: <bit.ly/33Tbca1>. Acesso em: 1 set. 2013.

GOW, A. S. F.; PAGE, D. L. *The Greek Anthology:* Hellenistic Epigrams. Cambridge: Cambridge University, 1965. 2 v.

GRIFFITHS, Alan. The Odes: just where you draw the line? In: WOODMAN, Tony; FEENEY, Denis (Eds.). *Traditions and Contexts in the Poetry of Horace*. Cambridge: Cambridge University, 2002.

GRIMAL, Pierre. *Essai sur l'Art Poétique d'Horace*. Paris: PUF, 1968.

GUITE, Harold. Cicero's Attitude to the Greeks. In: *Greece & Rome*. Cambridge: Cambridge University, 1962. v. 9, n. 2.

GULLAR, Ferreira. *Toda poesia*. 5. ed. Rev. e Aum. Rio de Janeiro: José Olympio, 1991.

GÜNTHER, Hans-Christian (Ed.). *Brill's Companion to Horace*. Leiden/Boston: Brill, 2013.

HALL, Edith; WYLES, Rosie (Eds.). *New Directions in Ancient Pantomime*. Oxford: Oxford University, 2008.

HARDISON, O.B.; GOLDEN, Leon (Eds.) *Horace for Students of Literature: The "Ars poetica" and its Tradition*. Gainesville: University of Florida, 1995.

HARDWICK, Lorna. *Translating Words, translating cultures*. Londres: Duckworth, 2000.

HARRISON, Stephen (Ed.). *The Cambridge Companion to Horace*. Cambridge: Cambridge University, 2007.

HARRISON, Stephen. A Tragic Europa? Horace *Odes* 3. 27. *Hermes*, n. 116, p. 427-34, 1988.

HARRISON, Stephen. Biografia e história na lírica horaciana. In: SILVA, Gilvan Ventura da; LEITE, Leni Ribeiro. *As múltiplas faces do discurso em Roma*: textos inscrições, imagens. Vitória: Edufes, 2013. p. 57-68.

HARRISON, Stephen. Deuses e *ordo* no livro IV das *Odes*. In: LEITE, Leni Ribeiro *et alii* (Org.). *Gênero, religião e poder na Antiguidade*: contribuições interdisciplinares. Vitória: GM, 2012. p. 89-110.

HARRISON, Stephen. Duas traduções portuguesas do livro dos *Epodos* de Horácio no século XVIII. In: CORRÊA *et alii*. *Hyperboreans*: Essays in Greek and Latin Poetry, Philosophy, Rhetoric and Linguistics. São Paulo: Humanitas, 2012.

HARRISON, Stephen. Style and Poetic Texture. In: HARRISON, Stephen (Ed.). *The Cambridge Companion to Horace*. Cambridge: Cambridge University, 2007.

HARRISON, Stephen. The Reception of Horace in the Nineteenth and Twentieth Centuries. In: HARRISON, Stephen (Ed.). *The Cambridge companion to Horace*. Cambridge: Cambridge University, 2007.

HASEGAWA, Alexandre. *Dispositio e distinção de gêneros nos* Epodos *de Horácio*: estudo acompanhado de tradução em verso. São Paulo: USP, 2010. Tese (Doutorado em Letras Clássicas) – Faculdade de Filosofia, Letras e Ciências Humanas, Universidade de São Paulo, São Paulo, 2010.

HEGEL, Georg Wilhelm Friedrich. *Estética*. Tradução de Álvaro Ribeiro e Orlando Vitorino. Lisboa: Guimarães, 1993.

HEINZE, Richard. Die horazische Ode. *Jahrbb. klass. Altertum*, n. 51, p. 153-70, 1923.

HEYWORTH, S. J. *Cynthia*: a companion to the text of Propertius. Oxford: Oxford University, 2009.

HOUAISS, Antônio; VILLAR, Mauro de Salles. *Dicionário Houaiss da língua portuguesa*. Elaborado no Instituto Antônio Houaiss de Lexicografia e Banco de Dados da Língua Portuguesa S/C Ltda. Rio de Janeiro: Objetiva, 2001.

HUBBARD, Margaret. The *Odes*. In: COSTA, C. D. N. (Ed.) *Horace*. Londres/Boston: Routledge & Kegan Paul, 1973. p. 1-28.

HUTCHINSON, G. O. The publication and individuality of Horace's *Odes* Books 1-3. *Classical Quarterly*. v. 52. 2, p. 517-37, 2002.

INGLEHEART, Jennifer. *Et mea sunt populo saltata poemata saepe* (*Tristia* 2.519): Ovid and the pantomime. In: HALL, Edith; WYLES, Rosie (Eds.). *New Directions in Ancient Pantomime*. Oxford: Oxford University, 2008. p. 198-217.

JAKOBSON, Roman. "La malédiction de l'oreille. Pour Philippe Brunet". *Anabases*. no. 20, 2014. pp. 79-84

JAKOBSON, Roman. On linguistic aspects of Translation. In: BROWER, Reuben A. (Org.). *On Translation*. Nova York: Oxford, 1966.

JAKOBSON, Roman. *A geração que esbanjou seus poetas*. Tradução e posfácio de Sonia Regina Martins Gonçalves. São Paulo: Cosac Naify, 2006.

JAKOBSON, Roman. *Le livre de Catulle*. [S.I.]: L'âge d'homme, 1985.

JAKOBSON, Roman. *Linguística e comunicação*. Prefácio de Izidoro Blikstein, tradução de Izidoro Blikstein e José Paulo Paes. 8. ed. São Paulo: Cultrix, 1975.

JANAN, Micaela. *The Politics of Desire:* Propertius IV. Los Angeles: University of California, 2001.

JANKO, Richard. *Philodemus* On Poems: Book One. Oxford: Oxford University, 2000.

JAUSS, Hans Robert. O texto poético na mudança de horizonte de leitura. Tradução de Marion S. Hirschmann e Rosane V. Lopes. In: COSTA LIMA, Luiz. *Teorias da literatura em suas fontes*. Rio de Janeiro: Francisco Alves, 1983. v. 2. p. 305-58.

JENSEN, C. *Philodemos über di GEdichte, Fünftes Buch*. Berlin: Weidmann, 1923.

JOHNSON, Timothy. *A symposion of praise*: Horace returns to Lyric in *Odes* IV. Madison: University of Wisconsin, 2004.

JONES, Elizabeth. Horace: early master of montage. *Arion*, Boston: Boston University, v. 16, n. 3, p. 51-62, 2009.

JOYCE, James. *Finnegans Wake / Finnícius Revém*. Tradução de Donaldo Schüler. Cotia: Ateliê, 2001. v. 3.

KENNEDY, Duncan F. *Five studies in the discourse of Roman love elegy*. Cambridge: Cambridge University, 1993.

KING, Sonia. *Mosaic, Techniques & Traditions*: Projects and Designs from Around the World. Nova York: Sterling, 2002.

KLINGNER, Friedrich. Horazens Römeroden. In: *Varia variorum*: Festgabe für Karl Reinhardt. Münster: Böhlau, 1952. p. 118-36.

KNORR, Ortwin. Horace's Ship Ode (1.14) in Context: A Metaphorical Love-Triangle. *Transactions of the American Philological Association*, n. 136, p. 149-69, 2006.

KNOX, Peter E. Language, Style, and Meter in Horace. In: GÜNTHER, Hans-Christien (ed.). *Brill's Companion to Horace*. Leiden/Boston: Brill, 2013. p. 527-46.

LA COMBE, Pierre Judet de; WISMANN, Heinz. *L'avenir des langues*: repenser les Humanités. Paris: Cerf, 2004.

LA PENNA, Antonio. Orazio e la morale mondana europea. In: CETRANGOLO, Enzio. *Orazio*: tutte le opere. Firenze: Sansoni, 1989.

LAGES, Susana Kampff. *Walter Benjamin*: tradução e melancolia. São Paulo: Edusp, 2002.

LAIRD, Andrew. The *Ars Poetica*. In: HARRISON, Stephen (Ed.). The Cambridge Companion to Horace. Cambridge: Cambridge University, 2007, p. 132-143.

LANDELS, John G. *Music in Ancient Greece and Rome*. Londres: Routledge, 1999.

LASCOUX, Emmanuel. Rêves et réalités de l'hexamètre. *Anabases*, Paris, p. 165-72, 2014.

LEFEVERE, André. *Tradução, reescrita e manipulação da fama literária*. Tradução de Claudia Matos Seligmann. Bauru: Edusc, 2007.

LEITE, Leni Ribeiro; SILVA, Gilvan Ventura da; CARVALHO, Raimundo Nonato Barbosa de (Orgs.). *Gênero, religião e poder na Antiguidade*: contribuições interdisciplinares. Vitória: GM, 2012.

LEMINSKI, Paulo. *Catatau*. São Paulo: Iluminuras, 2011.

LEROY, Maurice. Encore la *Callida iuntura*. *Latomus*, Bruxelas: Societé d'Études Latines de Bruxelles, t. 7, fasc. 3-4, p. 193-5, 1948.

LEVETT, Brad. Platonic Parody in the *Gorgias*. *Phoenix*, v. 59, n. 3-4, p. 210-27, 2005.

LÉVI-STRAUSS, Claude. *O cru e o cozido*. Tradução de Beatriz Perrone-Moisés. São Paulo: CosacNaify, 2004. (Mitológicas 1.)

LIMA, Edilson de. *As modinhas do Brasil*. São Paulo: Edusp, 2001.

LOWRIE, Michele. A parade of Lyric Predecessors: Horace C. 1.12-1.18. *Phoenix*, n. 49, p. 33-48, 1995.

LYNE, R. O. A. M. *Words and the Poet*: Characteristic Techniques of Style in Vergil's *Aeneid*. Oxford: Oxford University, 1989.

LYONS, Stuart. *Music in the Odes of Horace*. Oxford: Aris & Phillips, 2010.

MACKAY, E. Anne (Ed.). *Orality, literacy, memory in the Ancient Greek and Roman World*. Leiden/Boston: Brill, 2008.

MAGALHÃES DE AZEREDO, Carlos. *Odes e elegias*. Roma: Tipographia Centenari, 1904.

MALLARMÉ, Stéphane. *Mallarmé*. Tradução de Augusto de Campos, Haroldo de Campos e Décio Pignatari. São Paulo: Perspectiva, 2002.

MARIOTTI, Scevola. *Livio Andronico e la traduzione artistica*: saggio critico ed edizione dei frammenti dell'*Odyssea*. Urbino: Università degli studi di Urbino, 1986.

MARQUES, Juliana Bastos; CAVICCHIOLI, Marina Regis. Uma releitura dos frisos de Odisseu no Esquilino. *Revista de História da Arte e Arqueologia*. n. 11, 2009. Disponível em: <bit.ly/2GUGILM>. Acesso em: 1 out. 2013.

MARTINDALE, Charles. *Redeeming the Text: Latin Poetry and the Hermeneutics of Reception*. Cambridge: Cambridge University, 1993.

MARTINS, Cláudia Santana. *Vilém Flusser:* a tradução na sociedade pós-histórica. São Paulo: Humanitas, 2011.

MARTINS, Paulo. *Imagem e poder:* considerações sobre a representação de Otávio Augusto. São Paulo: Edusp, 2011.

MATTOSO, Glauco. *Tratado de versificação*. Prefácio e introdução de Manuel Cavalcanti Proença. São Paulo: Annablume, 2010.

MAURY, Paul. *Horace et le secret de Virgile*. Paris: [s.n.], 1945.

McDERMOTT, E. Greek and roman elements in Horace's lyric program. In: *Aufstieg und Niedergang der Römischen Welt*, II, 31.3. Nova York: Walter de Gruyter, 1981.

MCELDUFF, Siobhán. *Roman Theories of Translation*: Surpassing the Source. Nova York/Londres: Routledge, 2013.

MCLUHAN, Marshall; FIORE, Quentin. *O meio são as massa-gens*: um inventário de efeitos. São Paulo: Record, 1969.

MCLUHAN, Marshall. *A galáxia de Gutenberg*: a formação do homem tipográfico. Tradução de Leônidas Gontijo de Carvalho e Anísio Teixeira. 2. ed. São Paulo: Nacional, 1977.

MELLO NÓBREGA, Lúcia de. *O soneto de Arvers*. 3. ed. Rev. e aum. Rio de Janeiro: Civilização Brasileira, 1980.

MENDES, João Pedro. *Construção e arte das* Bucólicas *de Virgílio*. Brasília: UnB, 1985.

MESCHONNIC, Henri. *Critique du rythme*: anthropologie historique du langage. Lagrasse: Verdier, 1982.

MESCHONNIC, Henri. *Ethics and Politics of Translating*. Translated and edited by Pier-Pascale Boulanger. Amsterdã: John Benjamins, 2011.

MESCHONNIC, Henri. *Éthique et politique du traduire*. Lagrasse: Verdier, 2007.

MESCHONNIC, Henri. *Gloires*: traduction des psaumes. Paris: Desclée de Brouwer, 2001.

MESCHONNIC, Henri. *Jona et le signifiant errant*. Paris: Gallimard, 1981.

MESCHONNIC, Henri. *Les cinq rouleaux*. Paris: Gallimard, 1970.

MESCHONNIC, Henri. *Poética do traduzir*. Tradução de Jerusa Pires Ferreira e Suely Fenerich. São Paulo: Perspectiva, 2010.

MESCHONNIC, Henri. *Politique du rythme: politique du sujet*. Lagrasse: Verdier, 1995.

MESCHONNIC, Henri. *Pour la poétique II:* Épistémologie de l'écriture; Poétique de la traduction. Paris: Gallimard, 1973.

MILTON, John. *Tradução*: teoria e prática. São Paulo: Martins Fontes, 1998.

MINARELLI, Enzo. *Polipoesia*: entre as poéticas da voz no século XX. Tradução, comentários e posfácio de Frederico Fernandes. Londrina: Eduel, 2010.

MINARINI, Alessandra. *Lucidus ordo:* L'architettura della lirica oraziana (libri I-III). Bolonha: Pàtron, 1989.

MOLES, Abraham. *Teoria da informação e percepção estética*. Tradução de Helena Parente Cunha. Rio de Janeiro: Tempo Brasileiro, 1969.

MOORE, Timothy J. *Music in Roman Comedy.* Oxford: Oxford University, 2012.

MOTTA, Leda Tenório da (Org). *Céu acima*: para um "tombeau" de Haroldo de Campos. São Paulo: Perspectiva, 2005.

MOUNIN, Georges. *Les problèmes théoriques de la traduction*. Préface de Dominique Aury. Paris: Gallimard, 1986.

MUTSCHLER, Fritz-Heiner. Beobachtungen zur Gedichtanordnung in den ersten Odensammlung des Horaz. *Rheinisches Museum*, n. 17, p. 109-33, 1974.

NAGY, Gregory. *Poetry as Performance:* Homer and Beyond. Cambridge: Cambridge University, 1996.

NAVA, Mariano. *Callida iunctura:* tradición e innovación semántica en Horacio (*ad Pisones* vv. 46-53). *Actual*, n. 35, p. 62-81, 1997.

NEGREIROS, Eliete Eça. *Ensaiando a canção:* Paulinho da Viola e outros escritos. São Paulo: Ateliê, 2001.

NETZ, Reviel. *Ludic Proof:* Greek Mathematics and the Alexandrian Aesthetics. Cambridge: Cambridge University, 2009.

NIETZSCHE, Friedrich. *Crepúsculo dos ídolos, ou Como se filosofa com o martelo.* [1888]. Tradução, posfácio e notas de Paulo César de Souza. São Paulo: Companhia das Letras, 2006.

NÓBREGA, Thelma Médici. Entrevista com Haroldo de Campos. In: MOTTA, Leda Tenório da (Org.). *Céu acima*: para um "tombeau" de Haroldo de Campos. São Paulo: Perspectiva, 2005.

NOGUEIRA, Érico. Sob a batuta de Horácio: metros horacianos em português, alemão e inglês. In: SIMPÓSIO DE POESIA AUGUSTANA, 1., 2015. São Paulo: USP, 2015. Inédito.

NOGUEIRA, Érico. *Verdade, contenda e poesia nos* Idílios *de Teócrito.* São Paulo: Humanitas, 2012.

NUMBERGER, Karl. *Inhalt und Metrum in der Lyrik des Horaz.* Dissertação. Munique, 1959.

O'HARA, James J. *Inconsistency in Roman epic*: studies in Catullus, Lucretius, Vergil, Ovid and Lucan. Cambridge: Cambridge University, 2007.

OBBINK, Dirk (Ed.). *Philodemus and Poetry*: Poetic Theory and Practice in Lucretius, Philodemus and Horace. Oxford: Oxford University, 1995.

OBBINK, Dirk. Provenance, Authenticity, and Text of the New Sappho Papiry. In: SOCIETY FOR CLASSICAL STUDIES, Nova Orleans, 9 jan. 2015. Disponível em: <bit.ly/2SM3W9B>. Acesso em: 7 set. 2020.

OBBINK, Dirk. Two new poems by Sappho. *Zeitschrift für Papyrologie und Epigraphik*, n. 189, p. 32-49, 2014. Disponível em: <bit.ly/3n-L6q62>. Acesso em: 7 set. 2020.

OBERHELMAN, Steven; ARMSTRONG, David. Satire as poetry and the impossibility of metathesis in Horace's *Satires*. In: OBBINK, Dirk (Ed.). *Philodemus and Poetry:* Poetic Theory and Practice in Lucretius, Philodemus and Horace. Oxford: Oxford University, 1995. p. 233-54.

OLIVA NETO, João Angelo; NOGUEIRA, Érico. O hexâmetro dactílico vernáculo antes de Carlos Alberto Nunes. *Scientia traductionis*, n. 13, p. 295-311, 2013. Disponível em: <bit.ly/3nBAXDo>. Acesso em: 1 set. 2013.

OLIVA NETO, João Angelo; NOGUEIRA, Érico. *O livro de Catulo*. 2.ed. São Paulo: Edusp. (No prelo.)

OLIVA NETO, João Angelo. *Dos gêneros da poesia antiga e sua tradução em português*. São Paulo: USP, 2013. Tese (Livre-Docência em Literatura Grega Clássica) – Faculdade de Filosofia, Letras e Ciências Humanas, Universidade de São Paulo, São Paulo, 2013.

OLIVA NETO, João Angelo. *Falo no jardim*: Priapeia grega, Priapeia latina. Cotia: Unicamp, 2006.

OLIVA NETO, João Angelo. *O livro de Catulo*. São Paulo: Edusp, 1996.

ONIANS, John. *Art and Thought in the Hellenistic Age:* The Greek world view 350-50 B.C. Londres: Thames & Hudson, 1979.

OPPERMANN, Heinrich. Zum Aufbau der Römeroden. *Gymnasium*, n. 66, p. 204-17, 1959.

OSEKI-DÉPRÉ, Inês. Make it new. In: MOTTA, Leda Tenório da (Org.). *Céu acima*: para um "tombeau" de Haroldo de Campos. São Paulo: Perspectiva, 2005. p. 213-220.

OVÍDIO. *Os amores de P. Ovídio Nasão*. Paráfrase por Antonio Feliciano de Castilho, seguida pela Grinalda Ovidiana, por José Feliciano de Castilho. Rio de Janeiro: Bernardo Xavier Pinto de Sousa, 1858. 11 v.

PADEN JR., William D.; SANKOVITCH, Tilde; STÄBLEIN, Patricia H. *The Poems of the Troubadour Bertran de Born*. Los Angeles: University of California Press, 1986.

PAES, José Paulo. *Tradução, a ponte necessária:* aspectos e problemas da arte de traduzir. São Paulo: Ática, 1990.

PANAYOTAKIS, Costas. Virgil on the popular stage. In: HALL, Edith; WYLES, Rosie (Eds.). *New Directions in Ancient Pantomime*. Oxford: Oxford University, 2008. p. 185-97.

PAPPALARDO, Umberto; CIARDIELLO, Rosaria. *Greek and Roman Mosaics*. Translated from the Italian by Ceil Friedman. Nova York/Londres: Abbeville, 2012.

PASCOLI, Giovanni. *Tutte le opera di Giovanni Pascoli*, v. 1: Poesie. Verona: Mondadori, 1948.

PENNA, Heloísa Maria Moraes Moreira. *Implicações da métrica nas Odes de Horácio*. São Paulo: USP, 2007. Tese (Doutorado em Letras Clássicas) – Faculdade de Filosofia, Letras e Ciências Humanas, Universidade de São Paulo, 2007.

PEREIRA, Maria Helena da Rocha. *Estudos de história da cultura clássica*, v. II: Cultura Romana. 3. ed. Lisboa: Calouste Gulbenkian, 2002.

PETRÔNIO. Tradução de Sandra Maria Gualberto Braga Bianchet. Belo Horizonte: Crisálida, 2004.

PIGHI, Giovanni Battista. *I ritmi e i metri della poesia latina*: con particolare riguardo all'uso di Catullo e D'Orazio. Brescia: La Scuola, 1958.

PIVA, Luiz. *Literatura e música*. Brasília: MusiMed, 1990.

PORT, Wilhelm. Die Anordnung in Gedichtbüchern augusteischer Zeit. *Philologus*, n. 81, p. 279-308, 1926.

PORTER, David H. *Horace's poetic journey*: A Reading of *Odes*, 1-3. Princeton: Princeton University, 1987.

PÖSCHL, Viktor. Bemerkungen zu den Horazoden III 7-12. In: *Letterature Comparate:* Studi Paratore II. Bolonha: [s.n.], 1981. p. 505-9.

POUND, Ezra. *ABC of Reading*. Londres: Faber and Faber, 1961.

POUND, Ezra. *Poems and Translations*. Nova York: Library of America, 2003.

PRADO, João Batista Toledo. *Canto e encanto, o charme da poesia latina: contribuição para uma poética da expressividade em língua latina*. São Paulo: USP, 1997. Tese (Doutorado em Letras) – Faculdade de Filosofia, Letras e Ciências Humanas, Universidade de São Paulo, São Paulo, 1997.

PROPP, Vladimir I. *Morfologia do conto maravilhoso*. Tradução de Jasna Paravich Sarhan, organização e prefácio de Boris Schnaiderman. Rio de Janeiro: Forense, 1984.

QUINTILIANO, Marco Fábio. *Instituições oratórias*. Seleção e tradução de Jerônimo Soares Barbosa. São Paulo: Cultura, 1944. 2 v.

RAHN, Helmut. Zufall oder Absicht? Eine Vermutung zum Sinn der Gedichtzahl des ersten horazischen Odenbuches. *Gymnasium*, n. 77, p. 478-9, 1970.

REINACH, Théodore. *A música grega*. Tradução de Newton Cunha. São Paulo: Perspectiva, 2011.

RENNÓ, Carlos. Poesia literária e poesia de música: convergências. In: OLIVEIRA, Solange Ribeiro de *et alii*. *Literatura e música*. São Paulo: Senac/Itaú Cultural, 2003.

RENNÓ, Carlos. *Cole Porter:* canções e versões. São Paulo: Pauliceia, 1991.

REZENDE, Antônio Martinez de. *Rompendo o silêncio*: a construção do discurso oratório em Quintiliano. Belo Horizonte: Crisálida, 2010.

RIBEIRO, Larissa Pinho Alves (Org.). *Carlos Drummond de Andrade*. São Paulo: Azougue, 2011.

RIESE, Horatiana. *Jahrbb. für klassische Philologie*, n. 12, p. 474-6, 1866.

ROBERT, Michael. *The jeweled style*: poetry and Poetics in Late Antiquity. Ithaca/Londres: Cornell University, 1989.

RÓNAI, Paulo. *Escola de tradutores*. Brasília: Ministério da Educação e Saúde, 1952. (Os Cadernos de Cultura.)

ROSSI, L. E. I generi letterari e le loro leggi scritte e non scritte nelle letterature classiche. *Bulletin of the Institute of Classical Studies*, n. 18, p. 69-94, 1971.

ROSSI, L. E. La letteratura alessandrina e il rinnovamento dei generi letterari della tradizione. In: PRETAGOSTINI, Roberto (Org.). *La letteratura ellenistica*: problemi e prospettive di ricerca. [S.l.]: [s.n.], 2000. p. 149-59.

RUDD, Niall. *Horace: Epistles, Book II and Epistle to the Pisones ('Ars Poetica')*. Cambridge: Cambridge University, 1989.

RUDD, Nial. *The Satires of Horace*. Londres: Bristol Classical, 2010.

SALAT, Paul. Remarques sur la structure des Odes Romaines. *Annales Latini Montium Avernorum*, n. 3, p. 51-7, 1976.

SALOMÃO, Waly. *O mel do melhor*. Rio de Janeiro: Rocco, 2001.

SANTAELLA, Lucia. Transcriar, transluzir, transluciferar: a teoria da tradução de Haroldo de Campos. In: MOTTA, Leda Tenório da (Org.). *Céu acima*: para um "tombeau" de Haroldo de Campos. São Paulo: Perspectiva, 2005. p. 221-232.

SANTIROCCO, Matthew S. *Unity and Design in Horace's Odes*. Chapel Hill/Londres: The University of North Carolina, 1986.

SARGENT, Jeanette L. *The Novelty of Ovid's* Heroides: libretti for pantomime. PhD Dissertation, Bryn Mawr, 1996.

SCATOLIN, Adriano. *A invenção no* De oratore *de Cícero:* um estudo à luz de *Ad Familiares* I, 9, 23. São Paulo: USP, 2009. Tese (Doutorado em Letras Clássicas) – Faculdade de Filosofia, Letras e Ciências Humanas, Universidade de São Paulo, São Paulo, 2009.

SCHMIDT, Magdalena. Die Anordnung der Oden des Horaz. *Wissenschaftliche Zeitschrift der Karl Marx Universität Leipzig*, n. 4, p. 207-16, 1955.

SCHULZE, K. P. Besass Horaz eine Villa in Tibur? *Neue Jahrbb. für das klassische Altertum Geschichte und Deutsche Literatur*, n. 19, 1916.

SCOTT, Gary Alan; WELTON, William A. Eros as messenger in Diotima's teaching. In: PRESS, Gerald A. *Who Speaks fo Plato*: Studies in Platonic Anonymity. Lanham: Rowman and Littlefield, 2000. p. 147-59.

SÊNECA, Lúcio Aneu. *Cartas a Lucílio*. Tradução de J. A. Segurado e Campos. Lisboa: Calouste Gulbenkian, 1991.

SILVA, Gilvan Ventura da; LEITE, Leni Ribeiro (Orgs.). *As múltiplas faces do discurso em Roma:* textos, inscrições, imagens. Vitória: Edufes, 2013.

SILVA, Gilvan Ventura da. Imagens "bordadas" na pedra: os mosaicos como fonte para o estudo da sociedade romana. In: SILVA, Gilvan Ventura da; LEITE, Leni Ribeiro (Orgs.). *As múltiplas faces do discurso em Roma:* textos, inscrições, imagens. Vitória: Edufes, 2013. p. 153-77.

SILVA, Luiz Carlos Mangia. *O masculino e o feminino no epigrama grego*: estudo dos livros 5 e 12 da *Antologia Palatina*. São Paulo: Unesp, 2011.

SKINNER, Marilyn B. Authorial Arrangement of the Collection: Debate Past and Present. In: SKINNER, Marilyn B. (Ed.). *A Companion to Catullus*. Oxford: Blackwell, 2007. p. 36-53.

SKINNER, Marilyn B. *Catullus in Verona*: A Reading of the Elegiac Libellus, Poems 65-116. Columbus: The Ohio State University, 2003.

SMALL, Jocelyn Penny. Visual Copies and Memory. In: MACKAY, E. Anne (Ed.). *Orality, literacy, memory in the Ancient Greek and Roman World*. Leiden/Boston: Brill, 2008. p. 227-52.

SOUZA, Luiza dos Santos. *Uma visão estrutural do livro primeiro dos Amores de Ovídio*: estudo, tradução, comentários e notas. Curitiba: UFPR, 2012. Monografia (Bacharelado em Letras/Latim) – Faculdade de Letras, Universidade Federal do Paraná, Curitiba, 2012.

SOUZA, Ricardo Pinto de. Um abismo do mesmo: sobre a autotradução de Samuel Beckett. *Alea, Estudos Neolatinos*, v. 14, n. 1, 2012. Disponível em: <bit.ly/3diDdLb>. Acesso em: 11 set. 2013.

STAMPINI, Ettore. *La metrica di Orazio comparata con la greca e illustrata su liriche scelte del poeta*. Con una appendice di Carmi di Catullo studiata nei loro diversi metri. Torino: Giovanni Chiantore, 1933.

STEINER, George. *After Babel*: Aspects of Language and Translation. Oxford: Oxford University, 1975.

STORM, Theodor. *A assombrosa história do homem do cavalo branco / O Centauro Bronco*. Tradução de Mauricio Mendonça Cardozo. Curitiba: UFPR, 2006. 2 v.

SULLIVAN, J. P. *Propertius: A Critical Introduction*. Cambridge: Cambridge University, 1976.

TÁPIA, Marcelo. Apresentação. In: CAMPOS, Haroldo de. *Haroldo de Campos – Transcriação*. Organização de Marcelo Tápia e Thelma Médici Nóbrega. São Paulo: Perspectiva, 2013.

TÁPIA, Marcelo. *Diferentes percursos de tradução da épica homérica como paradigmas metodológicos de recriação poética*: um estudo propositivo sobre linguagem, poesia e tradução. São Paulo: USP, 2012. Tese (Doutorado em Teoria Literária) – Faculdade de Filosofia, Letras e Ciências Humanas, Universidade de São Paulo, São Paulo, 2012.

TARRANT, Harold. Where Plato speaks: reflections on an Ancient Debate. In: PRESS, Gerald A. *Who Speaks fo Plato: Studies in Platonic Anonymity.* Lanham: Rowman and Littlefield, 2000, p. 67-80.

TARRANT, Richard. Ancient receptions of Horace. In: HARRISON, Stephen (Ed.). *The Cambridge Companion to Horace.* Cambridge: Cambridge University, 2007.

TATIT, Luiz. *Musicando a semiótica*: ensaios. São Paulo: Annablume, 1997.

TATIT, Luiz. *O cancionista: composição de canções no Brasil.* São Paulo: Edusp, 1996.

TATIT, Luiz. *Semiótica da canção.* 3. ed. São Paulo: Escuta, 2007.

TEIXEIRA, Francisco Diniz. *Na senda tradutória da ode:* Horácio e Filinto Elísio. Araraquara: Unesp, 2018. Dissertação (Mestrado) – Pós-Graduação em Estudos Literários, Universidade Estadual Paulista, Araraquara, 2018.

THOMAS, Richard. Horace and Hellenistic Poetry. In: HARRISON, Stephen (Ed.). *The Cambridge Companion to Horace.* Cambridge: Cambridge University, 2007.

THOMAS, Rosalind. *Literacy and Orality in Ancient Greece.* Cambridge: Cambridge University, 1992.

VALÉRY, Paul. *Œuvres.* Édition établie et annotée par Jean Hytier. Paris: Gallimard, 1957. v. 1. (v. 127 de la Bibliothèque de la Pléiade.)

VALETTE-CAGNAC, Emmanuelle. *La lecture à Rome*: rites et pratiques. Courtry: Belin, 1997.

VERRUSIO, Maria. *Livio Andronico e la sua traduzione dell'Odissea omerica.* Edizione anastatica. Roma: Giorgio Schneider, 1977.

VIDAL-NAQUET, Pierre. *Os gregos, os historiadores, a democracia*: o grande desvio. Tradução de Jônatas Batista Neto. São Paulo: Companhia das Letras, 2002.

VIEIRA, Brunno V. G. Um tradutor de latim sob D. Pedro II: perspectivas para a História da Tradução da literatura greco-romana. *Revista Letras*, Curitiba: UFPR, n. 80, p. 71-87, 2010.

VIEIRA, Brunno V. G. Horácio, *Arte poética*, 1-100. *Letras clássicas*, São Paulo: Edusp, n. 15, p. 88-90, 2011. Disponível em: <bit.ly/3j08Qul>. Acesso em: 7 set. 2020.

VIVEIROS DE CASTRO, Eduardo. Perspectival Anthropology and the Method of Controlled Equivocation. *Tipití, Journal of the Society for the Anthropology of Lowland South America,* n. 1, v. 2. p. 3-22, 2004. Disponível em: <bit.ly/2SKffim>. Acesso em: 7 set. 2020.

VIVEIROS DE CASTRO, Eduardo. *A inconstância da alma selvagem e outros ensaios de antropologia.* São Paulo: Cosac Naify, 2002.

VIVEIROS DE CASTRO, Eduardo. *Métaphysiques cannibals*: Lignes d'anthropologie post-structurale. Paris: PUF, 2009.

WEIL, Henri. Remarques sur des textes d'Horace et de Cicéron. *Revue de Philologie.* XIX, 1895.

WEISSBORT, Daniel; EYSTEINSSON, Astradur. *Translation: Theory and Practice,* A Historical Reader. Oxford: Oxford University, 2006.

WEST, David. Horace's poetic technique in the *Odes.* In: COSTA, C. D. N. (Ed.). *Horace.* Londres/Boston: Routledge & Kegan Paul, 1973. p. 29-58.

WEST, David. *Reading Horace.* Edinburgo: Edinburgh University, 1967.

WILI, Walter. *Horaz und die augusteische Kultur.* Basel: Benno Schwabe & Co., 1948.

WILKINSON, L. P. *Horace and his lyric poetry.* Cambridge: Cambridge University, 1968.

WILLIAMS, Gordon. *Figures of Thought in Roman Poetry.* Hanôver: Yale University, 1980.

WIMSATT, W. K.; BEARDSLEY, M. C. A falácia intencional. Tradução de Luiza Lobo. In: COSTA LIMA, Luiz. *Teorias da literatura em suas fontes.* Rio de Janeiro: Francisco Alves, 1983. v. 2, p. 86-102.

WISEMAN, Peter. *Catullus and his World*: A Reappraisal. Cambridge: Cambridge University, 1985.

WITTGENSTEIN, Ludwig. *Tractatus logico-philosophicus / Philosophische Untersuchungen.* Werkausgabe Band 1. Frankfurt: Suhrkamp,1990.

WOODMAN, Tony; FEENEY, Denis (Eds.). *Traditions and Contexts in the Poetry of Horace.* Cambridge: Cambridge University, 2002.

WRAY, David. *Catullus and the Poetics of Roman Manhood.* Cambridge: Cambridge University, 2001.

ZANKER, Graham. *Modes of Viewing in Hellenistic Poetry and Art*. Madison: University of Wisconsin, 2004.

ZANKER, Paul. *The Power of Images in the Age of Augustus*. Translated by Alan Shapiro. Ann Harbor: Michigan University, 1990.

ZIMMERMANN, Philippe. *Rythme métrique et rythme rhétorique dans la poésie lyrique d'Horace*: recherches sur une poétique du sens. Thèse de Doctorat en Littérature Ancienne, Université Lille III. Lille, 2009.

ZIZEK, Slavoj. *A visão em paralaxe*. Tradução de Maria Beatriz de Medina. São Paulo: Boitempo, 2008.

ZIZEK, Slavoj. *Órgão sem corpos*: Deleuze e consequências. Tradução de Manuella Assad Gómez. Rio de Janeiro: Cia de Freud, 2008.

ZUMTHOR, Paul. *A letra e a voz*: a literatura medieval. Tradução de Amálio Pinheiro e Jerusa Pires Ferreira. São Paulo: Companhia das Letras, 1993.

ZUMTHOR, Paul. *Escritura e nomadismo*: entrevistas e ensaios. Tradução de Jerusa Pires Ferreira e Sonia Queiroz. São Paulo: Ateliê, 2005.

ZUMTHOR, Paul. *Essai de poétique médiévale*. Paris: Seuil, 1972.

ZUMTHOR, Paul. *Introdução à poesia oral*. Tradução de Jerusa Pires Ferreira, Maria Lúcia Diniz Pochat e Maria Inês de Almeida. Belo Horizonte: UFMG, 2010.

ZUMTHOR, Paul. *Performance, recepção, leitura*. Tradução de Jerusa Pires Ferreira e Suely Fenerich. São Paulo: Cosac Naify, 2014.

Sobre o tradutor

Guilherme Gontijo Flores nasceu em Brasília (DF), em 1984. É licenciado em Letras pela UFES, mestre em Estudos Literários pela UFMG e doutor em Letras Clássicas pela USP, com tradução das *Odes*, de Horácio. É professor de Língua e Literatura Latina na UFPR, coeditor do blog e revista *escamandro* (www.escamandro.wordpress.com) e membro fundador do grupo Pecora Loca (www.pecoraloca.com), dedicado a poesia antiga em tradução.

Autor dos poemas *brasa enganosa* (Patuá, 2013), *Tróiades* (www.troiades.com.br e Patuá, 2014/2015), *l'azur blasé* (Kotter, 2016) e *Naharia* (Kotter, 2018), que, unidos, formam a tetralogia *Todos os nomes que talvez tivéssemos* (Kotter/Patuá, 2020), bem como *carvão :: capim* (Artefacto, Portugal, 2017; Ed. 34, Brasil, 2018) e *História de Joia* (todavia, 2019). Publicou ainda dois livros de ensaio: *Algo infiel* (Cultura e Barbária/n-1, 2017), em parceria com Rodrigo Gonçalves e com fotos de Rafael Dabul, e *A mulher ventriloquada: um limite da linguagem em Arquíloco* (Zazie, 2018).

Além de Horácio, traduziu também *As janelas, seguidas de poemas em prosa*, de Rainer Maria Rilke (Crisálida, 2009) e *Epigramas de Calímaco* (Autêntica, 2019) e foi coeditor e tradutor de *Por que calar nossos amores? Poesia homoerótica latina* (Autêntica, 2017). Sua tradução de *A anatomia da melancolia* (4 volumes, UFPR, 2011-2013), de Robert Burton, recebeu o Prêmio APCA e o Prêmio Jabuti de Tradução em 2014. A tradução de *Elegias de Sexto Propércio* (Autêntica, 2014) recebeu o Prêmio Paulo Rónai de Tradução, da Biblioteca Nacional, em 2015. A tradução de *Safo: fragmentos completos* (Ed. 34, 2017) ganhou o Prêmio APCA de Tradução em 2017.